Cuarta Edición
WORKBOOK to accompany

Repase y escriba

Curso avanzado de gramática y composición

Thomas G. Allen
University of Wisconsin Oshkosh

Robert L. Nicholas

WILEY

To order books or for customer service call 1-800-CALL-WILEY (225-5945).

ISBN 0-471-27346-5

Printed in the United States of America

10 9 8 7 6 5 4 3 2 1

Printed and bound by Bradford & Bigelow, Inc.

CONTENTS

*I*NTRODUCTION: TO THE STUDENT

This workbook has been written especially for the forth edition of *Repase y escriba*. It expands considerably the practice on the readings, grammar, lexical items, and writing activities provided in the textbook. If you follow the workbook with care, you will significantly enhance your active knowledge of the text's materials.

The workbook's fourteen chapters correspond, thematically, lexically and grammatically, to the fourteen in the main text. Each chapter reflects the text's four-part chapter structure: I. *Lectura*, II. *Sección gramatical*, III. *Ampliación léxica*, and IV. *Para escribir mejor*.

An important difference between this edition of the workbook and the previous one is that all activities using vocabulary taken from the reading that introduces each chapter of the textbook are now grouped in the *Lectura* section of the corresponding chapter of the workbook. This means that you need not be familiar with the newly presented vocabulary before being able to complete the activities in the rest of the workbook sections.

Many exercises are serious and to the point; some are more whimsical and open-ended. Some offer practice reviewing orthography and verbal forms, others are contexualized, while others ask for answers based upon your personal experience. The varied content is intended to help keep things fresh and more interesting for you. In the final analysis, of course, you will learn the most when you become your own instructor.

To help you do this, there is an answer key at the end of the workbook that provides the answers to all exercises except those that ask you to write creatively. Do not refer to the answer key, however, until after you have completed the entire lesson. Your instructor may wish to correct the workbook's more creative sections, which provide you the opportunity to synthesize the material that you have practiced in the more structured activities.

The workbook exercises try not to repeat, but to complement, those in the main text. For this reason, you may do many of them before, at the same time, or after you complete the exercises in the textbook. The wise procedure is to vary your approach from lesson to lesson. It is our hope that you enjoy using the workbook. *¡Buena suerte!*

The authors are thankful to the following people for their support and assistance in the development of this workbook: Professor María Canteli Dominicis and John J. Reynolds, the authors of the main text; to Jessica García, Sharon Prendergast, and María F. García, all at John Wiley and Sons, for their editorial expertise; to the reviewers who provided so many helpful suggestions; and to our students, who continually challenge us to be the best teachers that we can be.

TGA and *RLN*

1.1. LECTURA

«Alma poseída por Frida»
(Elvira de las Casas)

A **La vida de Frida Kahlo.** *Reconstruya la trayectoria de la vida de Frida Kahlo a base de los siguientes elementos y preguntas.*

1. ¿Quiénes eran sus padres? _____

_____

2. Su juventud: **a)** ¿Qué sufrió a los siete años? **b)** ¿Qué le pasó cuando estaba en la preparatoria? **c)** ¿Por qué se interesó por la pintura? **d)** ¿Cómo fue la salud de Frida a causa de lo que le pasó?

_____

_____

_____

_____

3. Su matrimonio: **a)** ¿Quién fue su esposo? **b)** ¿Qué importancia cultural tiene él? **c)** ¿Cómo eran las ideas políticas de los dos? **d)** ¿Cómo eran las relaciones entre Frida y su marido? _____

_____

_____

_____

_____

B **Un resumen.** *Complete el siguiente párrafo con los vocablos presentados a continuación.*

abarca	caracterizar	protagoniza	taquilla
acaricia	la cinta	se rasuró	
autorretratos	se depiló	el reparto	
caballete	maquillaje	el rodaje	

Por fin empezó **(1)** _____ de **(2)** _____ sobre la vida de Frida Kahlo que **(3)** _____ Salma Hayek. Hace seis años que Salma **(4)** _____ la idea de **(5)** _____ a la pintora mexicana en una película como ésta, que **(6)** _____ los aspectos más privados de la vida de Frida. En **(7)** _____ se incluye a Alfred Molina, a Mia Maestro, a Edward Norton y a Antonio Banderas. La participación de este último garantiza una gran **(8)** _____ en la película. Para evitar la necesidad de mucho **(9)** _____, Salma no **(10)** _____ las cejas y **(11)** _____ el labio superior para parecerse más a Frida. También Salma tomó clases de pintura para que no fuera necesaria una doble en las escenas frente al **(12)** _____, y Salma misma ha pintado unos **(13)** _____ para la película.

C **Sinónimos.** *Sustituya las palabras o frases que se dan entre paréntesis en las siguientes oraciones con el sinónimo adecuado de la lista.*

abarca	dolencia	a puertas cerradas
ajenos	ducho	protagoniza
aparatosos	se empeña	rasurarse
de parte y parte	encomienda	rebozos
disimular	está de moda	virada

1. Ese actor no puede (ocultar) _____ su odio por su rival.

2. Mario Andretti es muy (experto) _____ en manejar coches.

3. La (enfermedad) _____ de la niña es muy grave, pero ella va a recuperarse pronto.

4. Madonna (es el personaje principal en) _____ la película «Evita».

5. La jefa (insiste) _____ en reunirse conmigo (privadamente) _____.

6. No debes andar metiéndote en los asuntos (que no tienen que ver contigo) _____.

7. Actualmente la obra de Frida Kahlo (es muy popular) _____.

8. A causa de un accidente de esquí, la pierna de Javier resultó (torcida) _____.

9. El gobernador les (encarga) _____ a los senadores bajar los impuestos.

10. Rosaura acaba de volver de sus vacaciones con varios (chales mexicanos) _____ muy bonitos.

11. Los fuegos artificiales para el 4 de julio del año pasado fueron (espectaculares) _____.

12. Para prepararse para su papel de Gandhi, el actor Ben Kingsley tuvo que (afeitarse) _____ la cabeza.

13. Los novios se escribían cartas de amor (recíprocas) _____.

14. Ese libro (incluye) _____ la historia de México desde el año 1519 hasta 1848.

1.2. SECCIÓN GRAMATICAL

Ser / Estar

A **¿Acción o resultado?** a) *Escriba una oración con «ser» o «estar» que indique acción o resultado.* b) *Exprese en inglés su oración.*

Modelo: puerta / abrir

      a) acción: La puerta fue abierta por el guardia.
           resultado: La puerta todavía está abierta.

      b) The door was (being) opened by the guard.
           The door is still open.

1. espejo / romper

    a) _____

    b) _____

2. vídeo / conectar

    a) _____

    b) _____

3. estrella de cine / escoger / por el director famoso

    a) _____

    b) _____

4. la filmación / suspender / indefinidamente

    a) _____

    b) _____

5. crimen / resolver

    a) _____

    b) _____

B **Ser y estar y ¿qué preposición?** *Complete las siguientes oraciones con la forma apropiada de «ser» o «estar» en el presente y la preposición adecuada según el contexto.*

La actriz **(1)** _____ vestida _____ rojo para el estreno de la película de su rival, pero como **(2)** _____ la primera _____ llegar al cine, poca gente la ve. Ella no **(3)** _____ muy aficionada _____ las películas de ciencia ficción pero **(4)** _____ disgustada _____ el hecho de no tener un papel en la película. Por fin el cine **(5)** _____ lleno _____ gente y proyectan la película. En la película, la población de la Tierra **(6)** _____ enemistada _____ una raza de extraterrestres que **(7)** _____ decidida _____ destruir el mundo. La heroína (la rival de nuestra actriz molesta) **(8)** _____ encargada _____ vigilar la base donde hay un arma secreta, un aparato que **(9)** _____ capaz _____ proteger el planeta de cualquier ataque. La mujer también **(10)** _____ responsable _____ la seguridad de los medios de comunicación entre los varios ejércitos de la Tierra, pero desgraciadamente **(11)** _____ enamorada _____ un traidor que **(12)** _____ dispuesto _____ engañar a su novia para ayudar a los extraterrestres. Pero, al final, engañarla **(13)** _____ imposible _____ hacer porque ella **(14)** _____ lista _____ tomar cualquier decisión necesaria para salvar al mundo, hasta la de condenar a su novio.

Al final el planeta **(15)** _____ libre _____ la amenaza de los extraterrestres y la heroína **(16)** _____ rodeada _____ sus verdaderos amigos. «¡Qué estupidez!» —piensa con envidia la actriz, pero lo peor es que en la última escena, ¡la mujer lleva un vestido rojo que **(17)** _____ idéntico _____ la

ropa que tiene puesta la pobre actriz desempleada!

C **Cambios de sentido.** *Traduzca las siguientes frases al español, teniendo cuidado con escoger la forma apropiada de «ser» o «estar».*

1. Norma is usually so quiet, but tonight she won't stop talking!

   _____

2. Rafael and Héctor are very hardworking and conscientious employees.

   _____

3. Marco, why aren't you ready to leave for school?

   _____

4. Ana is very interested in studying biology.

   _____

5. After cleaning the house for hours, everything is like new.

   _____

6. This is a flourishing business and it is safe to invest money in it.

   _____

7. The color of this paint is too bright to use in the dining room.

   _____

8. This movie is so entertaining because the actors perform well.

   _____

9. Adán is a very cold person and that's why he has few friends.

   _____

10. It's three o'clock and Sara is still awake because of the noise her neighbors are making.

    _____

D **¿Ser o estar?** *Complete las siguientes oraciones con la forma apropiada de «ser» o «estar» en el tiempo verbal que convenga o en el infinitivo.*

1. Estos discos **a)** _____ míos; los tuyos

   b) _____ allí. ¿No los ves?

2. No puedo **a)** _____ en clase hoy porque tengo que ir a una

   boda que **b)** _____ en Filadelfia.

3. Pilar dice que tú **a)** _____ mayor que ella.

   b) ¿_____ cierto?

4. Madonna siempre **a)** _____ sensual en toda su carrera

   de cantante, pero en este vídeo, **b)** ¡_____ sensualísima!

   Su canción **c)** _____ muy interesante también.

5. —¿A qué hora **a)** _____ la fiesta de Mónica el

   fin de semana que viene?

   —No sé ni me importa, porque **b)** _____ peleada

   con ella.

6. Hoy la comida de la cafetería _____ tan mala como

   siempre.

7. Cuando entramos en la capilla, vimos que doña Inés ya

   _____ arrodillada y rezaba silenciosamente.

8. El vendedor me dice que la chaqueta que le voy a comprar

   a) _____ de cuero, pero **b)** _____

   obvio que me **c)** _____ mintiendo.

9. Este año ninguno de mis profesores sabe nada ni **a)** _____

   vivo: todas mis clases **b)** _____ muy aburridas.

10. La familia de José **a)** _____ de Puerto Rico, pero ahora

    b) _____ en Nueva York.

11. Para Sara, el clima de Wisconsin **a)** _____ muy frío; ella

    b) _____ una persona friolenta.

12. Esta película a) _____ muy parecida a la que vimos anteayer; b)¡_____ tan llena de tonterías!

13. Llegamos anoche y ahora a) _____ aquí para asistir a la asamblea estatal que va a b) _____ mañana.

14. Esas estudiantes van a _____ estudiando todo el día.

15. No me gustan esas puertas porque _____ pintadas de blanco y azul.

16. Este joven _____ amable; siempre nos ayuda con el coche.

17. La fiesta de anoche _____ preparada por el comité.

18. Los alumnos _____ muchos y no hay suficientes sillas.

19. Las ventanas _____ rotas hace cinco años.

20. La graduación va a _____ el lunes que viene.

21. La casa donde vives _____ del señor Rivas, ¿verdad?

22. Yo a) _____ muy contenta con mi suerte porque no

    b) _____ ambiciosa.

23. Generalmente mi prima Sofía a) _____ muy alegre, pero

    ahora b) _____ triste porque su novio

    c) _____ en la cárcel.

24. Sí, Jorge a) _____ muy listo y también

    b) _____ vivo, pero muchas veces yo

    c) _____ molesto por las tonterías

    que hace.

1.3. SECCIÓN LÉXICA

A ¿**Saber o conocer?** *Complete las siguientes oraciones usando la forma de «saber» o «conocer» que corresponda según el contexto. Tenga cuidado con el tiempo verbal que use.*

1. Yo a) _conozco_ al profesor Álvarez, pero no
   b) _sé_ qué enseña.

2. ¡Esas chicas _saben_ bailar muy bien!

3. Carlota no a) ~~supo~~ sabía que José iba a pedirle que se casara con él. Cuando lo b) _supo_, se puso loca de alegría.
   c) ¿_sabes_ tú cuándo se d) _conocieron_ los dos?

4. Dicen que la carne de tiburón a) ~~conoce~~ sabe a pollo, pero todos b) _saben_ bien que eso es imposible.

5. Inés es muy atlética: _sabe_ jugar al fútbol y al béisbol muy bien.

6. Nosotros no a) _conocemos_ bien esta área.
   b) ¿_saben_ Uds. dónde podemos comprar un mapa?

7. ¿Por qué no _saben_ Uds. la lección para hoy?

8. —a) ¿_sabes_ (tú) algo? Héctor piensa invitarte al baile de este fin de semana.
   —¿Héctor? Yo no b) _conozco_ a ningún Héctor.

9. ¿_conoces_ (tú) a los vecinos de Ángela?

10. Quiero a) _conocer_ a la prima de mi compañero de cuarto porque es bonita, simpática y muy rica, pero
    b) _sé_ que eso es imposible porque vive en Alemania.

11. Elena, ¿_sabes_ (tú) si Héctor es buena gente?

12. Matilde quiere a) ~~conoce~~ saber quién es el chico que
    b) _sabe_ tocar el saxófono tan bien, pero parece que nadie c) _conoce_ al muchacho.

13. José no a) _____Sabe_____ reparar autos pero sí

    b) _____Sabe_____ mantenerlos.

14. Sí, Luisa a) _____Sabe conoce_____ muy bien las novelas de Galdós

    y le gusta recitar unos trozos (*passages*) que b) _____Sabe_____

    de memoria.

15. Yo no _____sé_____ qué voy a hacer este fin de semana.

16. Ellos no a) _____conocen_____ Salamanca, pero

    b) _____Saben_____ mucho de la historia de esa

    ciudad tan antigua.

17. Raquel se había puesto tan gorda que yo no la

    _____conozco conocí_____ cuando la vi hace dos días.

18. Necesitamos comprar unos libros de texto, pero no

    _____conocemos sabemos_____ dónde está la librería.

B **Oficios y profesiones: ¿A quién se necesita?** *Las siguientes oraciones indican que se requieren los servicios de varias personas. Según el contexto de cada frase, seleccione la letra que corresponda al oficio o profesión que puede resolver la situación indicada.*

a) albañil	h) cocinero/a	ñ) panadero/a
b) alcalde, alcaldesa	i) consejero/a	o) retratista
c) anticuario/a	j) cónsul	p) sastre
d) ascensorista	k) domador/a	q) traductor/a
e) banquero/a	l) electricista	r) tripulante
f) cerrajero/a	m) farmacéutico/a	s) vaquero/a
g) cirujano/a	n) masajista	

_n_ 1. Me duelen los músculos de la espalda.

_q_
_f_ 2. Este artículo está escrito en ruso, pero no sé ese idioma.

3. La llave para esta puerta no sirve.

__K__ 4. Los tigres del circo no obedecen durante los espectáculos.

__e__ 5. No tengo suficiente dinero para comprar esa casa.

__d__ 6. Tengo que subir al quinto piso pero no sé hacer funcionar el ascensor.

__g__ 7. Mañana me van a operar del corazón.

__p__ 8. Me han invitado a una boda de mucha etiqueta y necesito un traje que no sea ropa de confección.

__m__ 9. El médico me ha recetado unas pastillas especiales.

__a__ 10. Quiero un garaje que esté construido de ladrillos.

__r__ 11. Hace falta más ayuda para navegar este velero (*sailboat*).

__c__ 12. ¿Cuánto vale esta mesa que perteneció a mi bisabuela?

__l__ 13. No funcionan las luces del comedor.

__ñ__ 14. ¿Cómo puedo preparar bocadillos sin pan?

__s__ 15. Es una finca grande y hay que llevar el ganado a los corrales.

__j__ 16. Estoy en el extranjero y parece haber un problema con mi pasaporte.

__b__ 17. ¡A este pueblo le hace falta un líder!

__i__ 18. Tengo que escoger entre dos materias, pero no sé en cuál debo matricularme.

__o__ 19. Quisiera tener un retrato de mi hija.

__h__ 20. Me gusta el ambiente de este restaurante, pero ¡deben emplear a otra persona para preparar la comida!

1.4. PARA ESCRIBIR MEJOR

A **El silabeo.** *Divida en sílabas las siguientes palabras, luego subraye la sílaba tónica (stressed sylable).*

Modelo: cír / cu / lo

1. quien/quie/ra
2. su/rre/a/lis/mo
3. i/rre/a/li/za/ble
4. Gro/en/lan/dia
5. or/gá/ni/co
6. fo/to/gra/fí/a
7. es/pe/cia/li/za/ción
8. con/tem/po/rá/ne/o
9. qui/nien/tos
10. neu/tra/li/dad

11. pa/ren/tes/co
12. i/rres/pon/sa/bi/li/dad
13. com/pren/sión
14. im/per/tur/ba/ble
15. he/li/cóp/te/ro
16. mi/llo/na/rio
17. gu/ber/na/men/tal
18. lim/pia/chi/me/ne/as
19. in/do/eu/ro/pe/o
20. cons/truc/ción

B **La acentuación.** *Divida en sílabas las palabras siguientes, luego escriba un acento ortográfico si es necesario: la vocal subrayada de cada palabra es la tónica.*

Modelos: he/rra/mien/tas   (no se necesita acento ortográfico)

á/ni/mo   (se necesita acento ortográfico)

1. A/mé/ri/ca
2. sel/vas
3. a/quí
4. pe/lí/cu/la
5. ca/fe/ci/to
6. pue/blo
7. an/da/luz
8. de/sem/pleo
9. prác/ti/ca
10. Már/quez
11. á/gui/la
12. án/gel
13. cai/mán
14. his/pá/ni/co
15. pa/ís
16. a/de/mán
17. pe/núl/ti/mo
18. en/vi/dia

19. env<u>í</u>o	36. estr<u>e</u>lla	53. esp<u>á</u>rragos
20. envi<u>é</u>	37. instrum<u>e</u>nto	54. amabil<u>í</u>simo
21. ma<u>í</u>z	38. probl<u>e</u>ma	55. noro<u>e</u>ste
22. distra<u>í</u>do	39. le<u>í</u>ais	56. tamb<u>o</u>r
23. vi<u>e</u>nto	40. portugu<u>e</u>ses	57. algarab<u>í</u>a
24. baut<u>i</u>sta	41. democr<u>a</u>cia	58. israel<u>i</u>ta
25. mi<u>e</u>mbro	42. dem<u>ó</u>crata	59. chill<u>ó</u>n
26. esdr<u>ú</u>jula	43. car<u>á</u>cter	60. ba<u>ú</u>l
27. Di<u>o</u>s	44. caract<u>e</u>res	61. conexi<u>o</u>nes
28. d<u>í</u>as	45. algod<u>ó</u>n	62. alem<u>á</u>n
29. religi<u>ó</u>n	46. constru<u>í</u>	63. alem<u>a</u>nes
30. const<u>a</u>nte	47. contin<u>ú</u>o	64. r<u>í</u>o
31. despu<u>é</u>s	48. cont<u>i</u>nuo	65. r<u>í</u>o
32. alreded<u>o</u>r	49. sart<u>é</u>n	66. ex<u>a</u>men
33. son<u>á</u>mbulo	50. fanfarr<u>ó</u>n	67. ex<u>á</u>menes
34. d<u>e</u>uda	51. psicolog<u>í</u>a	68. r<u>é</u>gimen
35. farm<u>a</u>cia	52. incre<u>í</u>ble	69. reg<u>í</u>menes

C **El cine.** *El cine es muy popular por todo el mundo. ¿Cómo se explica eso? ¿Por qué va la gente al cine?*

_____

_____

_____

_____

_____

_____

¿Cuáles son los motivos de Ud. para ir al cine? ¿Qué tipo de películas le gusta? ¿Por qué? ¿Qué película ha visto últimamente? ¿Le gustó? ¿Por qué sí o por qué no?

_____

_____

_____

_____

_____

_____

_____

_____

_____

CAPÍTULO 2

2.1. LECTURA

«Muerto y resucitado» (Amado Nervo)

A **¿Qué recuerda?** *De memoria, conteste las siguientes preguntas.*

1. **a)** ¿Cómo supo Juan Pérez que lo habían declarado muerto?
   b) ¿Cuál fue su reacción frente a tales noticias?

   _____

   _____

2. **a)** ¿Por qué estaba Juan de voluntario en el ejército inglés?
   b) ¿Cómo era su esposa? **c)** ¿Y su suegra? **d)** ¿De qué trabajaba
   Juan antes de ingresar en el ejército inglés?

   _____

   _____

   _____

   _____

3. **a)** ¿Con qué vida soñaba Juan? **b)** ¿Quién iba a ser su esposa?
   c) ¿Cómo iba a ser? **d)** ¿Por qué quería Juan que fuera así?

   _____

   _____

   _____

_____

_____

4. **a)** ¿Qué devolvió a Juan a la realidad? **b)** ¿Cuál fue su actitud frente a la necesidad de volver a su esposa y a su suegra?

_____

_____

_____

B **Un resumen.** *Complete el siguiente párrafo con los vocablos presentados a continuación.*

acaeció	en suma	manumiso	trapos
áspera	engrosado	peregrina	
campante	la estrechez	el rancho	
desligarse	lozana	susodicho	

Cuando supo que todos creían que estaba muerto, Juan Pérez experimentó una sensación **(1)** _____. Se alegró pensando que podía **(2)** _____ de su vida previa. En el barco rumbo a Inglaterra se sentía muy **(3)** _____ y comparó la vida que lo esperaba con la que había dejado. Su esposa era **(4)** _____ y se había **(5)** _____ mucho. Su suegra era peor y como las dos gastaban mucho en **(6)** _____, de muy buena gana Juan habría cambiado **(7)** _____ de su vida de periodista por el sueldo y **(8)** _____ mínimos del ejército inglés. **(9)** _____, se creía **(10)** _____ de esa existencia desagradable y esperaba crear otra vida **(11)** _____ hasta que le **(12)** _____ que un amigo suyo lo reconoció en Inglaterra y así se acabó su **(13)** _____ sueño de una segunda vida.

C **Sinónimos.** *¿Qué palabra es sinónima de la palabra en cursiva? Escriba la letra apropiada en el espacio en blanco.*

1. Después de caer del techo, el hombre *se tocó* para ver si se le había roto algún hueso. _____

   a) se acostó   **b)** se palpó   **c)** se sanó

2. El niño era muy *obstinado* y rehusaba limpiar su cuarto. _____

   a) joven   **b)** obediente   **c)** tozudo

3. Después de años de *pobreza*, Héctor por fin terminó sus estudios y consiguió un buen trabajo. _____

   a) esfuerzo   **b)** estrechez   **c)** infelicidad

4. Mira, Pepe, estudia más y *trata de* mejorar tus notas. _____

   a) procura   **b)** evita   **c)** sueña con

5. A esa chica le gusta demasiado comprar *ropa*; gasta el dinero como si fuera millonaria. _____

   a) vestidos   **b)** pañuelos   **c)** trapos

6. Con todos los problemas económicos en casa, éste ha sido un año muy *duro*. _____

   a) áspero   **b)** largo   **c)** interesante

7. *En resumidas cuentas*, Ana no quiso salir más con David.
   _____

   a) por lo visto   **b)** mientras tanto   **c)** en suma

8. Oye, Luisa, ¿sabes lo de María? Es una cosa muy *extraña*.
   _____

   a) increíble   **b)** peregrina   **c)** graciosa

9. El Sr. Mejía tomaba una aspirina al día para evitar *otro ataque al corazón*. _____

   a) otro síncope   **b)** otro resfriado   **c)** otra operación

10. Cuando estaba en el ejército, *la comida* que me proporcionaban era de poca calidad. _____

    a) el rancho   **b)** el alojamiento   **c)** el entrenamiento

11. Después de pasar el verano en el campo con sus tíos, Raquel volvió a la ciudad muy *saludable*. _____

    a) bronceada   **b)** delgada   **c)** lozana

12. Temo que algo malo le haya *pasado* a doña Inés porque hace días que no me llama. _____

    a) acaecido   **b)** asombrado   **c)** dicho

13. Por más que trató, Esteban no pudo *librarse* de la obligación de cumplir su promesa. _____

    a) enterarse   **b)** desligarse   **c)** tratar

14. Los niños siempre llegaban de la playa *contentos*. _____

    a) cansados   **b)** turbios   **c)** campantes

2.2. SECCIÓN GRAMATICAL

¿Pretérito o imperfecto?

A **Formas ortográficas: el pretérito.** *¿Recuerda Ud. las siguientes formas del pretérito? Escríbalas usando el sujeto indicado.*

VERBO	FORMA	VERBO	FORMA
1. dar (nosotros)		**11.** empezar (yo)	
2. querer (yo)		**12.** ir (él)	
3. dormir (él)		**13.** venir (nosotros)	
4. seguir (usted)		**14.** cargar (yo)	
5. estar (ellos)		**15.** poner (tú)	
6. poder (tú)		**16.** tener (ellas)	
7. pedir (ella)		**17.** traer (él)	
8. ser (yo)		**18.** marcar (yo)	
9. leer (ustedes)		**19.** hacer (ellos)	
10. decir (nosotros)		**20.** oír (usted)	

B **El pretérito: Un espanto.** *Complete la narración siguiente llenando los espacios en blanco con el infinitivo o la forma adecuada del pretérito de los verbos que se dan entre paréntesis.*

Un día de verano mi hermano Luis y yo **1.** (despertarse) _nos despertamos_ y **2.** (levantarse) _nos levantamos_ tarde como de costumbre. Después de **3.** (bañarse) _bañamos_ y **4.** (vestirse) _vestimos_, **5.** (desayunar) _desayunamos_ y **6.** (salir) _salimos_ de la casa para **7.** (ir) _ir_ a un bosquecito que estaba cerca. Al pasar entre los altos árboles, de repente **8.** (oír) _oímos_ un ruido muy extraño y **9.** (decidir) _decidimos_ enterarnos de lo que pasaba.

10. (Acercarse) _Nos acercamos_ al centro del bosque pero **11.** (tener) _tuvimos_ que **12.** (pararse) _pararnos_ por el miedo que nos **13.** (entrar) _entró_. Allí delante **14.** (ver) _vimos_ algo que parecía una astronave y en ese momento **15.** (comenzar) _comenzó_ a despegar. Al principio nosotros **16.** (sentir) _sentimos_ curiosidad por saber lo que iba a pasar, pero luego yo **17.** (acordarse) _me acordé_ de los supuestos casos de gente secuestrada por extraterrestres y por eso **18.** (dar) _di_ una vuelta y **19.** (empezar) _empecé_ a correr a toda prisa. Luis **20.** (espantarse) _se espantó_ también y me **21.** (seguir) _siguió_, pálido y asustado. Por fin yo **22.** (llegar) _llegué_ al borde del bosque y mi hermano no **23.** (demorar) _demoró_ en llegar tampoco. **24.** (Detenerse) _Nos detuvimos_ a recobrar el aliento y **25.** (esperar) _esperamos_ allí unos diez minutos para asegurarnos de que los extraterrestres no nos persiguieran. Luego Luis y yo

26. (echar) _echamos_ a correr de nuevo para la casa, resueltos a no volver jamás a ese bosque. Y no 27. (volver) _volvimos_, ni le 28. (decir) _dijimos_ a nadie lo que 29. (presenciar) _presenciamos_ aquella mañana.

C **El imperfecto: Recuerdos de la niñez.** *Complete la narración siguiente llenando los espacios en blanco con el infinitivo o la forma adecuada del imperfecto de los verbos que se dan entre paréntesis.*

Cuando mi hermano Luis y yo 1. (ser) _éramos_ niños, 2. (divertirse) _nos divertíamos_ mucho durante los veranos. En aquel entonces 3. (vivir) _vivíamos_ en las afueras de un pueblito que 4. (llamarse) _se llamaba_ San Lucas, y 5. (pasar) _pasábamos_ horas jugando en los campos que 6. (rodear) _rodeaban_ el lugar.

7. (Haber) _Había_ mucho que 8. (hacer) _hacer_; 9. (ir) _íbamos_ con frecuencia a la única dulcería del pueblo y 10. (ver) _veíamos_ a muchos de nuestros amigos también. Como no 11. (asistir) _asistíamos_ a la escuela, a menudo 12. (olvidarse) _nos olvidábamos_ de la hora y a la hora de comer mamá o papá 13. (tener) _tenían_ que salir a buscarnos. Claro, esas veces nos 14. (reñir) _reñían_ pero 15. (entender) _entendían_ que, por ser jóvenes, lo que nosotros 16. (hacer) _hacíamos_ 17. (ser) _era_ natural. Por las noches 18. (sentarse) _nos sentábamos_ con nuestros padres a 19. (hablar) _hablar_ mientras 20. (ponerse) _se ponía_ el sol y 21. (empezar) _empezaban_ a brillar las hermosas estrellas. Más tarde Luis y yo 22. (prepararse) _nos preparábamos_ para dormir y 23. (acostarse) _nos acostábamos_ bien cansados pero también ansiosos por experimentar las aventuras del día que 24. (venir) _venía_.

D **El pretérito y el imperfecto: ¿Cuál, y por qué?** *Decida si las frases siguientes deben traducirse al español usando el pretérito o el imperfecto, indicando por qué. Luego tradúzcalas al inglés.*

1. As a child, Martín would often visit his cousins in Salamanca.

   ¿P o I? ___I___ ¿Por qué? _____

   Traducción: _____

   _____

2. Isabel needed to buy a new dress to wear to the party.

   ¿P o I? ___I___ ¿Por qué? _____

   Traducción: _____

   _____

3. I didn't go to bed until very late last night.

   ¿P o I? ___P___ ¿Por qué? _____

   Traducción: _____

   _____

4. Poor Samuel had to work the entire weekend.

   ¿P o I? ___P___ ¿Por qué? _____

   Traducción: _____

   _____

5. Don Anselmo knew all his neighbors and always greeted them.

   ¿P o I? ___I___ ¿Por qué? _____

   Traducción: _____

   _____

6. I found out about the accident only after reading about it in the newspaper.

   ¿P o I? ___P___ ¿Por qué? _____

   Traducción: _____

   _____

7. Marta refused to go with us to the movies.

   ¿P o I? _____ ¿Por qué? _____

   Traducción:_____

   _____

8. Because of the storm, we couldn't go to the beach that day.

   ¿P o I? _____ ¿Por qué? _____

   Traducción:_____

   _____

9. Alicia studied every night and always knew the answers in class.

   ¿P o I? _____ ¿Por qué? _____

   Traducción:_____

   _____

10. When I was young, I wanted to be a policeman.

    ¿P o I? _____ ¿Por qué? _____

    Traducción:_____

    _____

E **El pretérito y el imperfecto: ¡Qué alivio!** *Complete las oraciones siguientes con la forma apropiada (pretérito, imperfecto o infinitivo) del verbo indicado entre paréntesis.*

Cuando Luis **1.** (entrar) _____ en la escuela la semana

pasada, **2.** (querer) _____ recordar las cosas que

3. (creer) _____ que **4.** (ir) _____ a **5.** (tener)

_____ que saber para el examen de español que

6. (tener) _____ esa mañana a las diez. Le **7.** (parecer)

_____ que hacía horas que él **8.** (preocuparse)

_____, cuando por fin **9.** (llegar) _____

la hora del examen diez. Luis **10.** (sentarse) _____

con sus compañeros de clase, **11.** (sacar) _____ papel y

lápiz y **12.** (mirar) _____ con miedo a su maestro, quien en ese

momento **13.** (repartir) _____ el examen entre los

estudiantes. Las manos le **14.** (temblar)

_____ al pobre chico cuando

15. (recibir) _____ la prueba y al principio no

16. (poder) _____ leer ni la primera pregunta porque

17. (dudar) _____ que pudiera entenderla. Él

18. (pasar) _____ unos minutos de pánico, pero entonces le

19. (parecer) _____ que **20.** (ser) _____ mejor

empezar el examen inmediatamente para **21.** (limitar) _____

su tormento, y **22.** (abrir) _____ los ojos. **23.** (Leer)

_____ la primera pregunta y **24.** (sentirse) _____

muy aliviado: ¡él **25.** (saber) _____ contestarla!, y lo **26.** (hacer)

_____. **27.** (Seguir) _____ escribiendo hasta

que **28.** (terminar) _____ el examen. Se lo **29.** (dar)

_____ al maestro y cuando **30.** (salir)

_____ del salón de clase **31.** (preguntarse)

_____ por qué había dudado de sus habilidades.

Por fin **32.** (comprender) _____ que no

33. (haber) _____ nada que temer excepto el temor mismo.

F **El pretérito y el imperfecto: Tonterías invernales.** *Complete las oraciones siguientes con la forma apropiada (presente, pretérito, imperfecto o infinitivo) del verbo indicado entre paréntesis.*

De niña, me **1.** (gustar) _____ muchísimo el frío y la

nieve de invierno. Mis hermanos y yo **2.** (pasar) _____

días enteros jugando fuera; nos **3.** (encantar) _____

construir fortalezas y lanzarnos bolas de nieve, y no

4. (dejar) _____ de **5.** (divertirse) _____

hasta que mamá nos **6.** (llamar) _____ para

7. (poner) _____ fin a nuestras actividades. Un día de

invierno, sin embargo, yo **8.** (hacer) _____ una cosa bastante

estúpida. Mis hermanos y yo **9.** (estar) _____ en el

patio, donde **10.** (haber) _____ una linterna montada sobre

un poste de metal. No **11.** (saber) _____ en qué

12. (pensar) _____, pero **13.** (decidir) _____

tocar el poste con la lengua. Así que la **14.** (sacar) _____,

pero claro, cuando la **15.** (poner) _____ en contacto con el

poste, se me **16.** (quedar) _____ pegada por el frío y ¡yo

17. (encontrarse) _____ atrapada!

18. (Querer) _____ librarme del poste, pero no

19. (poder) _____. **20.** (Tener) _____ miedo de

21. (estar) _____ así hasta la primavera y **22.** (empezar)

_____ a **23.** (gritar) _____.

Afortunadamente, mi hermano Luis, quien **24.** (ser) _____

un poco menos tonto que yo, **25.** (ver) _____ lo que me

26. (ocurrir) _____ y **27.** (entrar) _____

corriendo a la casa para decírselo a mamá. Ella **28.** (salir)

_____ poco después, llevando un vaso de agua tibia.

Me **29.** (decir) _____ que me tranquilizara y **30.** (verter)

_____ el agua sobre mi lengua congelada, la cual

31. (separarse) _____ por fin del poste. Por obvias

razones, yo **32.** (sentirse) _____ bien

aliviada al librarme del poste, y nunca más **33.** (volver) _____

a probar ese experimento.

2.3. SECCIÓN LÉXICA

A **«Time»: Una conversación conyugal.** *Escriba los equivalentes en español de las palabras y expresiones que se dan entre paréntesis.*

ÉL: —Me parece que nunca tengo suficiente **1.** (time) _____.

ELLA: —Tú me dices eso **2.** (over and over) _____ y no lo comprendo.

ÉL: —¿Por qué no? Mira. Yo pensé que eran las diez, pero no... Por ejemplo, ¿qué **3.** (time) _____ tienes tú?

ELLA: —Pues, las diez y media.

ÉL: —¿Ves? ¡Se me escapó media hora de mi vida!

ELLA: —¡No te pongas histérico! Eso nos pasa a todos **4.** (from time to time) _____.

ÉL: —Pero tú nunca te quejas.

ELLA: —¿Y no crees tú que **5.** (it's about time) _____ de que tú dejes de quejarte también?

ÉL: —¡Dios mío! ¡Cuántas **6.** (times) _____ me has dicho eso! Como te dije antes, sencillamente no comprendes. La gente de **7.** (our times) _____ debe tener mucho más **8.** (free time) _____.

B **«Time»: ¿Adónde fue mi juventud?** *Llene los espacios en blanco con los equivalentes en español de las palabras y expresiones que se dan entre paréntesis. Tenga cuidado con la concordancia en algunos casos; no repita ninguna expresión.*

Sí, recuerdo muy bien mi niñez. En esa **1.** (time) _____

creía lo que todos los jóvenes creen a tal **2.** (time of life) _____,

que siempre iba a haber **3.** (time) _____ para todo. Nunca

me fijaba en la **4.** (time) _____ porque no me

importaba si llegaba a la escuela **5.** (on time) _____ o

no, y **6.** (at times) _____ **7.** (I used to have bad

times) _____ con mis maestros.

Claro, eso no les gustaba a mis padres y **8.** (time after time)

_____ me decían, a menudo gritándome

9. (at the same time) _____, que **10.** (it was about time)

_____ de que yo fuera más responsable. ¡Qué

ingenuo era yo!, porque eso de ser responsable me parecía una idea

11. (behind the times) _____. ¡Santo cielo!, me parece que

me crecí **12.** (in no time at all) _____ y ahora

13. (from time to time) _____ es difícil creer

que no fue todo un sueño.

2.4. PARA ESCRIBIR MEJOR

A **Dilemas ortográficos: verbos.** *¿Sabe Ud. de memoria las siguientes formas verbales?*

	VERBO	PRESENTE	PRETÉRITO	MANDATO
1.	distinguir	yo _distingo_	él _distinguió_	Ud. _distinga_
2.	recoger	yo _recojo_	ellos _recogieron_	Uds. _recojan_
3.	traducir	yo _____	tú _____	Ud. _____
4.	convencer	yo _____	nosotros _____	Uds. _____
5.	santiguar	yo _____	Uds. _____	Ud. _____
6.	rejuvenecer	yo _____	ellos _____	Ud. _____
7.	reducir	yo _____	Ud. _____	Ud. _____
8.	perseguir	yo _____	Uds. _____	Ud. _____
9.	acoger	yo _____	tú _____	Ud. _____
10.	amenguar	yo _____	él _____	Ud. _____
11.	encoger	yo _____	ellas _____	Ud. _____
12.	comenzar	yo _____	yo _____	Ud. _____

B **Ortografía: el superlativo.** *Escriba el superlativo absoluto de los adjetivos contenidos en las frases siguientes.*

1. una vecina locuaz _____

2. unas instrucciones bruscas _____

3. unas niñas tercas _____

4. una contestación mordaz _____

5. una voz ronca _____

6. un veneno tóxico _____

7. un chiste soez _____

8. una réplica parca _____

9. un hombre hidalgo _____

10. unos mariscos frescos _____

C **Ortografía: correspondencias frecuentes.** *Escriba los equivalentes en español de las siguientes palabras.*

1. specialty _____

2. physiology _____

3. imminent _____

4. strident _____

5. professor _____

6. theory _____

7. possession _____

8. immoral _____

9. psychoanalysis _____

10. transposition _____

11. scorpion _____

12. hydraulic _____

13. stamp _____

14. therapy _____

15. sculpture _____

D **¿Otra vida?** *Ud. acaba de saber que se ha anunciado su muerte erróneamente y que todos creen que está difunto/a. Esto le proporciona una oportunidad de rehacer su vida, de cambiar los resultados de decisiones tomadas antes. ¿Qué va a hacer? ¿Qué le gustaría cambiar? ¿Adónde va a ir? ¿Por qué? Si le satisface su vida tal como es y no quiere cambiarla, explique por qué está satisfecho/a ahora.*

_____

_____

_____

_____

_____

_____

_____

_____

_____

_____

_____

_____

_____

_____

_____

CAPÍTULO 3

3.1. LECTURA

«Con los ojos cerrados» (Reinaldo Arenas)

A **Realidades.** *Repase los siguientes segmentos de la lectura y conteste las preguntas basadas en ellos con dos o tres palabras.*

Primera realidad (líneas 17–22, 28–31 y 48–51):

1. ¿Quién fue arrollado, sin duda, por una máquina? _____

2. ¿Dónde lo tiró alguien? _____

3. ¿Para qué lo tiró allí, probablemente? _____

4. ¿Quiénes tenían las manos arrugadas? _____

5. ¿Qué querían las viejas que le hiciera Dios al narrador? _____

   _____

6. La pobre rata, ¿con qué la golpeó un muchacho? _____

7. ¿Hasta dónde la tiraron los muchachos? _____

Segunda realidad (líneas 75-78, 89-92 y 100-102):

8. ¿Qué hizo el gato cuando lo despertó el narrador? _____

9. ¿Quiénes adivinaron los deseos del narrador? _____

   _____

10. ¿Qué le dieron entonces? _____

11. ¿De qué estaba hecha? _____

12. ¿Cómo se volvió él? _____

13. ¿Sobre qué depositaron la rata los muchachos? _____

_____

14. ¿Para qué la pusieron allí? _____

B **Un resumen.** *Complete el parrajo siguiente con los vocablos presentados a continuación.*

un alboroto	dulcería	pedían limosnas
arrollado	hostigaba	pinchazos
de nuevo	no le quedó más remedio	se tropezó
de pasas	no tenía remedio	una vara

Según el niño, su tía Ángela salía para Oriente y por eso hubo

(1) _____ en casa. Su mamá se puso nerviosa y se hizo

daño y al niño **(2)** _____ que levantarse temprano. Rumbo

a la escuela, **(3)** _____ con un gato muerto que

sin duda había sido **(4)** _____ por un auto. Eso le dio

lástima al chico pero ya **(5)** _____.

Luego el niño pasó por una **(6)** _____ donde

estaban dos ancianas que tenían caras **(7)** _____ y que

(8) _____, pero el niño no tenía ningún dinero que darles

y las evitó. Al cruzar un puente el chico presenció la tortura de una

rata de agua que un grupo de jóvenes **(9)** _____ con

(10) _____. Después de ver tanta miseria, el niño

cerró los ojos mientras continuaba andando. Vio al gato

(11) _____, pero estaba vivo. Las ancianas ya eran

dependientas y le regalaron una torta, y los muchachos salvaron la rata

de agua en vez de atormentarla. Pero con los ojos cerrados, el chico no

vio el camión que casi le pasó por arriba. Después del accidente lo llevaron a un hospital donde las enfermeras le daban

(12) _____ de vez en cuando.

C **Sinónimos.** *¿Qué palabra es sinónima de la palabra en cursiva? Escriba la letra apropiada en el espacio en blanco.*

1. No quiero oír ningún *consejo.* _____

   a) canto   **b)** cuento   **c)** aviso

2. Hubo *un alboroto* enorme en la casa. _____

   a) un escándalo   **b)** una lástima   **c)** una limosna

3. Cuando fui a cruzar la calle, me *tropecé* con un gato. _____

   a) atropellé   **b)** arrollé   **c)** encontré

4. Yo no prestaba atención y se me quemó la sopa, pero bueno, *eso ya no tiene remedio.* _____

   a) no sigue flotando   **b)** no se vuelve   **c)** no se puede hacer nada

5. Como me sobraba tiempo para llegar a la escuela, pasé por una *dulcería.* _____

   a) merienda   **b)** confitería   **c)** mentira

6. En esta dulcería hay dos señoras *viejitas.* _____

   a) mayores   **b)** sabrosas   **c)** insoportables

7. En el parque los ancianos me miran con sus caras *de pasas.* _____

   a) arrolladas   **b)** arrugadas   **c)** delgadas

8. En la orilla del río, un grupo de muchachos de todos los tamaños tenía rodeada una rata de agua en un rincón y la *acosaban* con gritos y pedradas. _____

   a) hostigaban   **b)** aplastaban   **c)** ayudaban

9. De repente, me pasó un camión casi por arriba en medio de la calle que era donde, sin darme cuenta, *me había parado.* _____

   a) me había tropezado   **b)** me había detenido   **c)** me había hundido

10. De vez en cuando unas enfermeras entran para darme *un pinchazo* o una pastilla blanca. _____

   a) una píldora   **b)** una inyección   **c)** una advertencia

3.2. SECCIÓN GRAMATICAL

Verbos como «gustar»

A **Viejo y a pie.** *Escriba en español las expresiones que se dan entre paréntesis.*

¡Ay! ¡Cómo **1.** (hurt me) *me duelen* los pies! Y todavía **2.** (there remain) *faltan* muchos kilómetros para llegar a la casa de mi sobrina. **3.** (I would like) *me gustaría* verla antes de su partida, pero **4.** (it seems to me) *me parece* que **5.** (it will be very hard for me) *me costará mucho trabajo* llegar pronto a su casa. Desgraciadamente, **6.** (I don't have ... left) *No me queda* suficiente tiempo para eso. ¡Ojalá pudiera volar! ¡Eso sí que **7.** (would surprise her) *le sorprendería*! Y a mí ¡**8.** (I would love it) *me encantaría*! Pero, hay que confesar que **9.** (I have... in excess) *me sobra* peso para eso. Aunque **10.** (it turns out to be... for me) *me resulte* penoso, no podremos despedirnos.

B **Escoja y conjugue.** *Según el contexto de las siguientes frases, escoja el verbo de la lista que mejor corresponda a cada espacio en blanco y conjúguelo. Tenga cuidado con el tiempo verbal que use y no olvide incluir los pronombres de objeto directo o indirecto necesarios.*

caer	costar	doler	faltar	fascinar
molestar	parecer	poner	quedar	tocar

1. No, yo lavé los platos la semana pasada, Rosita. A ti

   _____ lavarlos esta semana.

2. A mí _____ estupendo que el invierno se
   acabe por fin.

3. _____ diez minutos para las dos e Isabel
   no había llegado todavía.

4. ¿A Uds. _____ los niños
   maleducados? Yo no los aguanto (*put up with*).

5. A Inés y a Ricardo _____ las películas
   de Almodóvar y no se han perdido ni una.

6. Después de que el Sr. Ortiz perdió su empleo, a los Ortiz no

   _____/_____ bastante dinero para poder
   hacer el viaje que hacía tanto que planeaban.

7. Cuando Silvia conoció por primera vez a Javier, el hombre con

   quien iba a casarse, _____ muy mal.

8. Desde que era joven, a mí siempre _____
   trabajo levantarme temprano.

9. A muchos estudiantes _____
   nerviosos el pensar en los exámenes.

10. Cuando David se despertó la mañana después de la borrachera,
    _____ mucho la cabeza y el estómago.

C **Exprésalo de otra manera.** *Vuelva a escribir las siguientes frases,
empleando verbos como «gustar» para expresar la misma información
que contienen las oraciones originales.*

Modelo: Para mí es encantador dormir hasta tarde los sábados por la
mañana.
Me encanta dormir hasta tarde los sábados por la mañana.

1. Las reglas de gramática son muy interesantes para nosotros.

_____

2. Para mí son importantes los derechos civiles de todos los ciudadanos.

   _____

3. Tener que estacionar muy lejos de la universidad es muy molesto para Luis y Esteban.

   _____

4. Sé que para ustedes la limpieza del medio ambiente es una gran preocupación.

   _____

5. Para mí es fascinante la idea de la inteligencia artificial.

   _____

6. Montar en bicicleta durante el verano es encantador para nosotros.

   _____

7. Ernestito y Gustavito tenían miedo de estar en casa solos durante una tormenta.

   _____

8. Los chóferes que manejan por encima del límite de velocidad me ponen extremadamente enojado.

   _____

D **En este momento.** *Conteste las siguientes preguntas, revelando sus reacciones personales a sus circunstancias actuales.*

1. ¿Qué es lo que más le disgusta de la universidad?

   _____

2. ¿Qué le encantaría hacer ahora mismo?

   _____

3. Pero, ¿qué le conviene más hacer en estos momentos?

   _____

4. ¿Qué le hace falta para ser feliz ahora?

   _____

5. ¿Qué le molesta, particularmente, de sus padres en estos días?

_____

6. ¿Qué aspecto de su propia conducta le preocupa más ahora?

_____

7. ¿Qué parte de su vida estudiantil le cuesta más trabajo?

_____

8. ¿Que profesor/a le cae especialmente pesado/a?

_____

9. ¿Qué le sobra ahora: peso, dinero, trabajo, etc.?

_____

10. ¿Qué le sorprende más de las noticias de hoy?

_____

Usos especiales del pronombre de complemento indirecto

E **¿Qué se le ocurre?** *Invente oraciones originales combinando los elementos de las dos columnas, según se indica.*

1.	rompérseme	a)	tarde
2.	morírseme	b)	torta
3.	hacérsele	c)	perro
4.	quemársenos	d)	idea
5.	olvidársete	e)	platos
6.	ocurrírseles	f)	chistes

1. 1-e: _____

2. 2-c: _____

3. 3-a: _____

4. 4-b: _____

F **¡No tuve la culpa!** *Vuelva a escribir las frases siguientes, empleando el pronombre «se» para expresar el carácter involuntario de la acción, el pronombre de complemento de objeto indirecto apropiado y la forma adecuada de los verbos que se dan entre paréntesis. Fíjese bien en el tiempo verbal de la frase original.*

Modelo: Pedro rompió la ventana. (romper)
            A Pedro se le rompió la ventana.

1. Marcos olvidó traer la tarea a clase. (olvidar)

    _____

2. Los trabajadores dejaron caer el piano y lo rompieron. (caer / romper)

    _____

3. No puedo pensar en la palabra que necesito para esta frase. (escapar)

    _____

4. Laura soltó los caballos y los perdió. (soltar / perder)

    _____

5. Marisol y Javier trabajaban con el ordenador cuando dejó de funcionar. (descomponer)

    _____

6. No pensé en pedirle más tiempo al profesor para mi proyecto de clase. (ocurrir)

    _____

7. Como bailaba tan enérgicamente, Reinaldo rompió los pantalones. (romper)

    _____

8. Durante el examen, ¿olvidaste las formas irregulares del pretérito? (olvidar)

    _____

9. No pudimos entrar en casa porque dejamos la llave adentro. (quedar)

   _____

10. Dejé caer el cigarrillo encendido y quemé el mejor mantel de mi mamá. (caer / quemar)

    _____

Uso de la construcción «hace que»

G **La cronología de Susana y su mascota.** *Estudie la siguiente cronología y, luego, conteste las preguntas basadas en ella.*

   1976 (octubre): Nací en Madrid.

   1978 (diciembre): Mi familia se trasladó a Barcelona.

   1982 (septiembre): Comencé a asistir a la escuela.

   1984 (julio): Mi padre me regaló un pastor alemán llamado Duque.

   1984 (agosto): Descubrí que "Duque" era "Duquesa".

   1986 (junio): Duquesa dio a luz (cuatro cachorros).

   1986 (agosto): Regalé los cuatro a diferentes amigos.

   1990 (noviembre): Tuve que vender a Duquesa porque nos trasladamos a Sevilla.

1. ¿Cuánto tiempo hacía que Susana vivía en Madrid cuando su familia se trasladó a Barcelona?

   _____

2. ¿Cuántos años llevaba Susana en Barcelona cuando comenzó a asistir a la escuela?

   _____

3. ¿Cuántos años hacía que Susana vivía en Barcelona cuando su padre le compró Duque?

   _____

4. ¿Cuánto tiempo hacía que vivían los cuatro cachorros cuando Susana se los regaló a sus amigos?

   _____

5. ¿Cuántos años hace que Susana y su familia se trasladaron a Sevilla?

_____

3.3. S E C C I Ó N   L É X I C A

A **«To run».** *Complete la narración siguiente con los equivalentes en español de las palabras y expresiones que se dan entre paréntesis.*

He tenido un día bastante difícil hoy. Me desperté tarde porque

parecía que el despertador no **1.** (running) _____ bien y por

eso tuve que salir **2.** (running) _____ para el trabajo. Hay

un autobús que **3.** (runs) _____ de mi vecindario al centro, pero

como iba a llegar tarde, decidí conducir el coche aunque no **4.** (was

running) _____ muy bien tampoco. Había llovido

mucho toda la noche anterior y como los arroyos **5.** (were running

over) _____, el agua que **6.** (was running)

_____ por las calles hacía la superficie muy resbaladiza.

Pensando en lo que me iba a decir mi jefe, me distraje, perdí control

del auto y **7.** (I ran into) _____ una cerca que **8.** (ran

around) _____ un parque. Bajé del carro para averiguar el

daño y me di cuenta de que las reparaciones **9.** (were going to run)

_____ mucho, pero eso no tenía remedio y por lo menos

no **10.** (run over) _____ ningún peatón. Por fin llegué al

trabajo, pero seguí teniendo dificultades. **11.** (I run) _____

el departamento de ropa para caballeros en un almacén y por la

mañana llegó un envío de trajes italianos, pero descubrí que toda la

ropa **12.** (ran) _____ pequeña. Por la tarde a

nosotros **13.** (run out) _____ todas las camisas de

algodón que estaban en oferta y bastantes clientes se quejaron. De veras, con todos esos líos, en un momento ¡tuve ganas de **14.** (run away) _____! Por fin era hora de dejar de trabajar, pero no me sentía bien cuando llegué a casa y ahora creo que **15.** (I'm running a) _____ fiebre. ¡Tengo miedo de saber lo que me va a pasar mañana!

B **Golpes y...** *Complete 1-4 y exprese 5-7 en español, según los modelos.*

Modelos: palo   → Le dio una paliza.
             arañar → Le dio un arañazo.

1. empujar: _____

2. morder: _____

3. pellizcar: _____

4. navaja: _____

Modelo: El asesino lo mató... with machete blows.
            El asesino lo mató a machetazos.

5. with axe blows: _____

6. with gunshots: _____

7. with hammer blows: _____

3.4. PARA ESCRIBIR MEJOR

A **El acento diacrítico.** *Las frases del diálogo siguiente resultan confusas porque faltan los acentos ortográficos y diacríticos necesarios. Escríbalos para que se aclare el diálogo.*

—Perdon. Ese señor quiere que Ud. le de el segundo mensaje y no este.

—¿De que mensaje me habla? No se nada de ningun otro mensaje, solo que aun ha llegado uno solo.

—Pues, el dice que si, que se le mando otro. Si Ud. no lo tiene, entonces ¿quien?

—Eso lo sabra Dios. Creo que Ramon ha recibido 5 o 6, aun mas que yo sepa; preguntale a el, no a mi, para ver donde ha ido a parar el segundo. ¡Que bobada!

B **Ud. en la calle.** *Invente un pequeño cuento sobre un paseo que dio o un incidente, verdadero o imaginario, que le ocurrió a Ud. el verano pasado. ¿Adónde fue? ¿Qué vio? ¿Cómo reaccionó Ud.? ¿Qué le pasó? ¿Puede Ud. añadir algunos elementos fantásticos a su cuento?*

_____

_____

_____

_____

_____

_____

_____

_____

_____

_____

_____

_____

_____

_____

CAPÍTULO 4

4.1. LECTURA

«Una luz en la noche» (Enrique A. Laguerre)

A **Preguntas interpretativas.**

1. Los dos primeros párrafos del cuento sirven para establecer un ambiente misterioso, hasta espantoso. ¿Qué elementos puede Ud. encontrar que contribuyen a tal ambiente? _____

   _____

   _____

   _____

   _____

2. Al oír quejidos y arrastres de cadenas, Gabriel tiene miedo y vuelve con los otros que lo esperan. En vez de espantarse también, ¿qué hace José Dolores? ¿Tal acción está de acuerdo con el resto del desarrollo de este personaje? Explique. _____

   _____

   _____

   _____

   _____

3. Don Luis Argüeso, dueño de la casa abandonada, mató a su hermano, pero sin embargo no fue condenado a la cárcel. Pensando en el tema global de este cuento, ¿cómo contribuye el caso de don Luis al desarrollo del tema? _____

_____

_____

_____

_____

B **Un resumen.** _Complete el párrafo siguiente con los vocablos_
presentados a continuación.

achacara	cielo raso	peregrina	el vecindario
al punto	de pelo en pecho	quejidos	
atropelladamente	embrujada	remontaron	
cautelosamente	había acomodado	una vara	

Los hombres, encabezados por José Dolores, **(1)** _____

un cerro y vieron una luz que se movía en una casa. Curiosos,

se acercaron **(2)** _____. Uno de los hombres,

Gabriel, subió las escaleras de la casa, pero poco después bajó

(3) _____ porque oyó unos ruidos espantosos. En vez

de huir también, José Dolores hizo un disparo de revólver y esto causó

que el «fantasma» bajara **(4)** _____ del

(5) _____. José Dolores y sus «socios» supieron que el

«fantasma» se llamaba Sandalio Cortijo y que ocupaba la casa

abandonada porque **(6)** _____ la creía

(7) _____, ya que fue escenario de un crimen brutal.

Mientras comían, celebraron la historia **(8)** _____ de la vida de

Cortijo en la casa abandonada. Cortijo les contó a los otros cómo

(9) _____ un tubo para poder ahuyentar con

(10) _____ a los curiosos que no eran tan

(11) _____ como José Dolores. También por

la noche Cortijo andaba por la casa llevando **(12)** _____

de la que estaba amarrada una lámpara para que la gente les

(13) _____ la luz flotante a las brujas.

C **Sinónimos.** *Escoja la palabra o frase que no tenga relación con las otras dos.*

		a	b	c
_____	1.	remontar	subir	cabalgar
_____	2.	cantidad	cuidado	cautela
_____	3.	con prisa	lentamente	atropelladamente
_____	4.	enseguida	al punto	demora
_____	5.	habitación	religión	aposento
_____	6.	peregrino	extraño	mediocre
_____	7.	herido	aguzado	astuto
_____	8.	ratonado	atrevido	cobarde
_____	9.	alegría	desgracia	regocijo
_____	10.	débil	valiente	de pelo en pecho
_____	11.	ánimos	fantasmas	valor
_____	12.	me da igual	recibo	no me importa
_____	13.	achacar	atribuir	bajar
_____	14.	religioso	mendigo	pordiosero
_____	15.	velar	vigilar	esconderse
_____	16.	acomodar	acostarse	meter

4.2. SECCIÓN GRAMATICAL

El subjuntivo I / Cláusulas sustantivas

A **Formas.** *¿Recuerda Ud. las formas del subjuntivo de los siguientes infinitivos? Escríbalas en los espacios en blanco según el modelo y el sujeto indicados.*

Infinitivo	Presente	P. perfecto	Imperfecto	Pluscuamperfecto
hablar (él)	hable	haya hablado	hablara	hubiera hablado
1. decir (tú)		hayas		
2. ver (nosotros)		hayamos		
3. morir (Ud.)		haya		
4. dar (yo)		haya		
5. hacer (ella)		haya		
6. saber (Uds.)		hayan		
7. traer (tú)		hayas		
8. conducir (yo)		haya		
9. pedir (Uds.)		hayan		
10. ser (ellos)		hayan		

B **Verbos de volición.** *Complete las siguientes oraciones usando la cláusa más apropiada de las que se dan a continuación. Tenga en cuenta que el verbo de la cláusula requerirá algunos cambios.*

    a)   limpiaba el cuarto una vez a la semana por lo menos

    b)   deja que Antonio salga conmigo

    c)   jugaron lo mejor posible

    d)   su marido le compra un coche nuevo

    e)   mi primo me acompañaba a la fiesta de Reinaldo

    f)   ha llovido tanto últimamente

1. A Marco le disgusta que _____

_____.

2. El entrenador exhortó a los jugadores a que _____

_____.

3. Elena no ha logrado que _____

_____.

4. Mis padres me exigían que _____

_____.

5. Mi tía se opuso a que _____

_____.

6. Le he suplicado a mi tía que _____

_____.

C **Verbos que expresan emoción.** *Complete las siguientes oraciones.*
Primero, escoja la manera más lógica de terminar cada una usando las
cláusulas presentadas a continuación. Luego, escriba el resto de la
oración, cambiando el verbo según su nuevo contexto.

a) mi hermano no la ayuda con los quehaceres domésticos

b) gané la competencia de natación

c) nuestro candidato preferido no aspira a gobernador del estado

d) había tanta gente desamparada

e) hace tanto tiempo que no lo llamo

f) había salido tan mal en su examen de física

1. Mis padres se alegraron de que _____

_____.

2. A mi cuñada le indigna que _____

_____.

3. A mí me daba lástima que _____

_____.

4. A todos nos admira que _____

_____.

5. A Timoteo le extraña que _____

_____.

6. Mi hermana se sentía avergonzada de que su novio _____

_____.

D **Verbos de influencia y comunicación: el empleo de complemento indirecto.** *Complete las oraciones siguientes con la forma apropiada del pronombre de complemento indirecto y con una forma verbal, o en el indicativo o el subjuntivo, del infinitivo que se da entre paréntesis.*

1. A Marta y a Inés _____ recomendábamos que (hacer)

_____ su tarea diariamente.

2. A ti _____ sugiero que no (sacar) _____

mucho dinero de tu cuenta de ahorros.

3. A mí mis padres siempre _____ decían que no _____

(mentir) _____.

4. Jorge _____ ha pedido a nosotros que _____

(traer) _____ un regalo de México.

5. Su doctora _____ aconsejó a Luisa que (dormir)

_____ por lo menos ocho horas cada noche.

6. Ana quiere que sus amigas _____ (mostrar) _____

sus blusas nuevas.

7. El profesor _____ recomendó a nosotros que

(saber) _____ de memoria el vocabulario.

8. Los Márquez _____ piden a la criada que _____

(servir) _____ la cena a las ocho en punto.

9. A ti _____ aconsejo que no (traducir) _____

palabras desconocidas en los cuentos si el contexto indica su sentido.

10. Isabel quiere que yo **a)** _____ (decir) _____ la verdad
    sobre su novio, pero no deseo que **b)** (enojarse) _____
    al saber qué tipo de hombre es. Prefiero que Amanda **c)** _____
    (informar) _____ del carácter ruin de Marcos.

11. Estela _____ dijo a Ernestito que era necesario que (sacar)
    _____ la basura todos los días, pero él
    negaba que eso (ser) _____ su responsabilidad.

12. A Carlitos y a Juanito _____ aconsejé que (tener)
    _____ mucho cuidado con el rottweiler
    feroz de los vecinos.

13. A nosotros los profesores siempre _____ recomiendan
    que (llegar) _____ a clase a tiempo.

14. A ti y a tus amigos _____ sugiero que (jugar)
    _____ sólo después de terminar sus (vuestros) estudios.

15. Los estudiantes _____ dijeron al profesor que no
    _____ (dar) _____ más de sus
    ejercicios molestos.

16. A mi hermanito y a mí _____ sugería siempre mamá que
    (ponerse) _____ las botas cuando llovía.

Expresiones de incertidumbre

E **Visiones y sonidos.** *Ud. se encuentra solo/a por la noche en una casa
abandonada. Tiene una vela, pero su pequeña llama oscila tanto por el
viento que hace, que resulta difícil ver por dónde van pisando sus pies. De
repente, le sobresalta un ruido extraño, tal vez un quejido o el arrastre de
cadenas. ¿Qué habrá sido eso? Complete las siguientes oraciones, de una
manera original, para explicar lo que ha sido, en su opinión. Escoja una de
las expresiones dadas al principio y use el subjuntivo o el indicativo, según
la lógica de la oración.*

1. Creía / No creía _____

    _____

2. Dudaba / No dudaba _____

_____

3. Negaba / No negaba _____

_____

4. Estaba seguro/a / No estaba seguro/a _____

_____

5. Me resisto a creer _____

_____

La secuencia de los tiempos verbales

F **Mi madre.** *Complete las siguientes oraciones de una manera original para practicar la secuencia de tiempos verbales.*

1. Se alegra de que yo _____

2. Sintió que yo _____

3. Estaría contenta de que yo _____

4. Temía que yo _____

5. Le sorprenderá que yo _____

6. Le habría dado lástima que yo _____

G **¿Subjuntivo, indicativo o infinitivo?: un poco de todo.** *Llene los espacios en blanco con la forma y tiempo apropiados del verbo que se dan entre paréntesis. Tenga cuidado con la secuencia de los tiempos.*

1. Mis padres se preocupaban de que yo **a.** (querer) _____

jugar al fútbol americano porque creían que **b.** (ir) _____ a

romperme el cuello; preferían que **c.** (mostrar) _____

más interés en el ajedrez, pero el problema era que no me

d. (gustar) _____ el ajedrez.

2. Te aconsejo que (saber) _____ todos los

verbos irregulares para la próxima prueba.

3. Nadie puede mandarnos que (divertirse) _____ si estamos de mal humor.

4. Lamentamos que Luis no (ir) _____ con nosotros al centro ayer.

5. Me sorprende que tú nunca me (recoger) _____ a tiempo.

6. No me gustaba que mi compañero de cuarto a. (hacer) _____ tanto ruido. Le pedía siempre que no b. (practicar) _____ la guitarra a las dos de la madrugada, pero sólo me replicaba que yo no le c. (decir) _____ nada.

7. Los padres de Pepito prefieren que él no a. (cruzar) _____ las calles a las cinco de la tarde porque se preocupan de que un coche lo b. (atropellar) _____.

8. Ojalá que Héctor nos a. (estacionar) _____ ya el auto porque ahora dudo que b. (quedar) _____ espacio en el aparcamiento.

9. Lupe esperaba que el mecánico le a. (devolver) _____ su auto antes del martes porque necesitaba b. (asistir) _____ a una reunión en Veracruz ese día.

10. El banco nos recomienda que a. (pagar) _____ el préstamo pronto, pero tememos que Mario no nos b. (dar) _____ el dinero que él nos c. (deber) _____ hasta más tarde.

11. Le rogamos al profesor que nos a. (repetir) _____ las preguntas orales, pero siempre nos decía que no b. (poder) _____ hacer eso.

12. El profesor les sugirió a los estudiantes que (traducir) _____ las frases antes de la clase.

13. El policía nos aconsejó que no (cruzar) _____ esa calle sin tener mucho cuidado.

14. Queremos a. (ir) _____ a la playa esta tarde, pero tenemos miedo de que b. (haber) _____ más dificultades con los tiburones.

15. Sentimos que no a. (ser) _____ las diez y diez porque a esa hora el profesor tenía que permitirnos b. (salir) _____.

16. La mamá deseaba que sus hijos a. (dormirse) _____ pronto porque no quería que b. (estar) _____ muy cansados al día siguiente.

17. Nuestro profesor nos rogaba que (repetir) _____ más los verbos.

18. Mis padres desean que yo a. (conseguir) _____ un buen trabajo después de graduarme de la universidad y yo espero b. (encontrar) _____ uno también.

19. Luis, ¿cuántas veces tengo que decirte que me a. (recoger) _____ después de mis clases? ¿Prefieres que papá te b. (mandar) _____ que lo c. (hacer) _____?

20. Les sugiero que a. (acostarse) _____ temprano porque necesitan b. (descansar) _____ antes de su viaje.

21. Esperaba que mis amigos a. (volver) _____ pronto, pero temía que b. (ir) _____ a llegar tarde como siempre.

22. Roberto me dijo que (pensar) _____ visitarme mañana.

23. El profesor se alegró de que (saber) _____ nuestras lecciones.

24. Siento mucho que no (haber) _____ más refrescos.

25. Ojalá que alguien nos a. (buscar) _____ porque yo no b. (saber) _____ dónde estamos.

26. Tengo miedo de que mis amigos no (divertirse) _____ en la fiesta de esta noche.

27. Tus amigos se preocupaban de que tú no (salir) _____ bastante los fines de semana.

28. A su tía le sorprendió que Elena e Isabel les (mentir) _____ tanto a sus padres.

29. Enrique insistía en que yo le **a.** (pedir) _____ a José que nos **b.** (prestar) _____ sus apuntes.

30. Nos molesta que todavía no (llegar) _____ la primavera.

4.3. ┃ S E C C I Ó N   L É X I C A ┃

A **Terrenos y sembrados.** *¿Qué puede encontrarse uno en los siguientes lugares?*

1. un pinar: _____

2. un trigal: _____

3. un arrozal: _____

4. una peraleda: _____

5. un calabazar: _____

6. un viñedo: _____

7. una arboleda: _____

8. un herbazal: _____

9. un olivar: _____

10. una alameda: _____

B **Equivalentes de «but».** *Examine el siguiente pasaje en inglés. No lo traduzca. Sólo llene los espacios en blanco con «pero», «sino», o «sino que».*

My uncle didn't arrive early at the family reunion, but **1.** (_____)

in fact rather late. Not only did he arrive late, but **2.** (_____)

he also left early. I had hoped to talk with him at length, but

3. (_____) that wasn't possible. My mother even wanted to consult

him, but **4.** (_____) he hardly listened to her. So, I can say

that I have seen my famous uncle, but **5.** (_____) not

that I know him. He died shortly after that brief encounter, but

6. (_____) we weren't notified, strangely, for more than a year.

My uncle was, of course, not only successful, but **7.** (_____)

extremely arrogant. Why? I've frequently asked myself that question,

but **8.** (_____) I have never been able to answer it

satisfactorily.

C «Pero», «sino», «sino que» o «menos»/«excepto»/«salvo». *Llene el espacio en blanco con «pero», «sino», «sino que», «menos», etc ., según el sentido de la frase.*

1. Nuestra clase favorita no es biología _____ español.

2. Todos se divirtieron en la fiesta _____ Enrique.

3. Alejandro no salió anoche _____ se acostó temprano.

4. No me gusta la leche _____ la tomo.

5. No sólo hace frío en Wisconsin en febrero, _____ mucho viento también.

6. José no puso los platos sucios en el lavaplatos _____ en el fregadero.

7. Carlos iba a pasar por Sara _____ no pudo encontrar su casa.

8. Después de éste, no habrá _____ un mes más antes del comienzo de las vacaciones.

9. Me gustaría ir al concierto _____ no puedo.

4.4. PARA ESCRIBIR MEJOR

A **Las palabras de enlace.** *¿Qué expresión de la derecha corresponde, lógicamente, a cada oración de la izquierda? Se dan en grupos de cuatro para facilitar la comprensión.*

1. Un fuerte viento surgió de pronto; _____ se apagó mi vela.

2. No soy una persona excesivamente miedosa, pero, _____, tengo mis momentos.

3. Cerré las ventanas y las cortinas, y, _____, las tres puertas.

4. Nunca me he olvidado de ese episodio; _____ recuerdo casi todos los detalles.

a) por el contrario
b) por otra parte
c) por último
d) por consiguiente

---

5. Ese problema, _____, nos afecta a todos y a todos nos afectará hasta el fin de nuestros días.

6. Después de oír el ruido, salimos, _____, del sótano.

7. Yo no sé qué pensar. _____, ¿qué piensas tú?

8. Los dos perros del vecino ladraban furiosamente; _____, el mío se echó a dormir.

e) en cambio
f) en resumen
g) en fin
h) en seguida

---

9. Te lo voy a detallar _____ vayamos hablando.

10. Insistiré _____ no tienes mucho interés.

11. Te lo explicaré _____ lo sepas cuanto antes.

12. Tu hermana es exactamente _____ me la había imaginado.

i) a fin de que
j) a medida que
k) a pesar de que
l) así como

B **Un cuento original.** *Escriba un breve cuento de miedo. Considere las siguientes sugerencias narrativas.*

1. La introducción (la situación inicial): Diga Ud. quiénes son los protagonistas, dónde están, cómo son, etc. _____

_____

_____

_____

_____

2. El desarrollo de la historia (la intriga): ¿Qué pasa al comienzo del cuento? ¿Qué problema se presenta que les va a complicar la vida? _____

_____

_____

_____

_____

_____

_____

_____

_____

3. La reacción o la transformación: ¿Cómo reaccionan los personajes? ¿Qué transformación tiene lugar luego? _____

_____

_____

_____

_____

_____

_____

_____

4. El desenlace (la conclusión): ¿Cómo resuelven el problema? ¿Cómo salen de la situación peligrosa? _____

_____

_____

_____

_____

_____

_____

5. La situación final: ¿Cómo termina el cuento? ¿Cómo se encuentran, al final, los personajes? ¿Tiene un final feliz o trágico? _____

_____

_____

_____

_____

_____

_____

_____

_____

CAPÍTULO 5

5.1. LECTURA

«Liberación masculina»
(Marco Aurelio Almazán)

A **El cambio de vida.** *Un día un pariente de Clarita le ofreció la Dirección General de la Comisión Hidrológica de la Cuenca del Río Usumacinta y sus Afluentes. Conteste las siguientes preguntas sobre el cambio de vida de Clarita y su marido.*

1. ¿Quién tomó posesión de la Secretaría de Recursos Hidráulicos?

   _____

2. ¿Qué le ofreció a Clarita?

   _____

3. ¿Por qué se humedeció y reblandeció bastante la resistencia del marido?

   _____

4. ¿Qué contribuyó también a socavar su voluntad?

   _____

5. Con el tiempo, ¿de qué se separó él? ¿Por qué?

   _____

6. ¿Cómo lo aprendió a hacer?

   _____

B **Asociaciones.** *Llene los espacios en blanco con la letra de la palabra no asociada con las otras dos.*

		a	b	c
_____	1.	claudicar	ceder	acudir
_____	2.	hacer manitas	ejercer	acariciarse
_____	3.	anteojos	gafas	cuencas
_____	4.	caudaloso	recelo	desconfianza
_____	5.	aparejada	audaz	atrevida
_____	6.	ardor	abrumador	fervor
_____	7.	reblandecer	humedecerse	envejecer

C **Sinónimos.** *Escriba en los espacios en blanco las letras de las palabras o expresiones de la derecha que signifiquen, en parte al menos, lo mismo que las frases de la izquierda.*

_____	1.	Nos casamos.	a)	Sospecha.
_____	2.	Un sueldo que daba mareos.	b)	Me vi obligado a ceder.
_____	3.	No tuve más remedio que claudicar.	c)	Busco sus zapatillas de casa.
_____	4.	Después le traigo sus pantuflas.	d)	Unas y otras reuniones.
_____	5.	Nos reímos de buena gana.	e)	Reblandeció.
_____	6.	Interminables juntas de trabajo.	f)	Anticuado.
_____	7.	Se debilitó mi resistencia.	g)	Nos echamos encima el dulce yugo.
_____	8.	La seguridad de ejercer su profesión el día de mañana.	h)	En el futuro.
_____	9.	Bastante carcamal en mi manera de pensar.	i)	Muy alto.
_____	10.	No quería ser mirada con recelo.	j)	Con mucho gusto.

5.2. SECCIÓN GRAMATICAL

El subjuntivo II / Expresiones impersonales

A **Expresiones impersonales.** *Complete las frases siguientes escribiendo la forma apropiada de los verbos que se dan entre paréntesis. Tenga cuidado con la secuencia de los tiempos verbales.*

1. Valdría más que nosotros (apoyar) _____ a nuestros congresistas en vez de criticarlos.

2. Basta que yo te **a.** (decir) _____ que

   b. (limpiar) _____ tu cuarto para que lo hagas.

3. Es importante (llegar) _____ a las citas a tiempo.

4. Era evidente que el mecánico todavía no (arreglar) _____

   _____ nuestro coche.

5. Será preferible que Ud. (prepararse) _____ bien antes de su entrevista.

6. Es extraño que Luisa no me (llamar) _____ últimamente.

7. Parece mentira que ya **a.** (ser) _____ las nueve.

   ¡Parece que el tiempo **b.** (volar) _____!

8. Era dudoso que el Sr. Ortega (ir) _____ a completar ese proyecto a tiempo.

9. No es imposible que Marta (divertirse) _____ esta noche en la fiesta de Isabel.

10. A ti te conviene (seguir) _____ las instrucciones de tus maestros.

11. Es verdad que Marco **a.** (tener) _____ un empleo muy interesante, pero no es cierto que

    b. (ganar) _____ mucho dinero.

B **¿Cómo completarlas?** *Complete las siguientes oraciones escogiendo en la columna de la derecha la manera más lógica de terminarlas según el sentido de la expresión impersonal. Hay que tener en cuenta la secuencia de los tiempos verbales.*

1. Urge _____
2. Vale la pena _____
3. Es dudoso _____
4. Parecía mentira _____
5. Era evidente _____

a) que los niños jugaran juntos pacíficamente.

b) que Luis no había estudiado para el examen.

c) que ahorres tu dinero lo más que puedas.

d) que Ud. le mande hoy este mensaje a la jefa porque es muy importante.

e) que Sara sepa de las infidelidades de su novio.

El subjuntivo / Cláusulas relativas

C **¿Qué busca Ud.?** *Complete las siguientes oraciones con una expresión apropiada.*

saber conducir camiones / no fumar / no beber / pesar menos de … / medir por lo menos … / gustar el baile / nunca haber estado casado / tener sentimientos nobles / ser rebelde / progresista / necesitar un apartamento / vivir cerca / haberse emancipado / ser profesional

1. Busco una señorita / un señor que … _____

_____

2. Necesito amigos/amigas que … _____

_____

3. Tengo una abogada que … _____

_____

4. Deseo una sirvienta que … _____

_____

D **Un pasado / futuro desconocido.** *Complete las siguientes oraciones de forma original.*

1. Le dije lo que _____

Le diré lo que _____

2. Lo hice como Ud. _____

Lo haré como Ud. _____

3. Se lo di al primer amigo que _____

Se lo daré al primer amigo que _____

4. Nos vimos cuando _____

Nos veremos cuando _____

5. Se reunieron donde _____

Se reunirán donde _____

E **¿Realidad o posibilidad?** *Invente oraciones originales a base de los siguientes elementos. Use el indicativo en* **a)** *y el subjuntivo en* **b)**.

1. cualquiera / hablarnos / ser atendido …

a) _____

b) _____

2. dondequiera / viajar / encontrar …

a) _____

b) _____

3. comprar / cualquier … / que …

a) _____

b) _____

4. comoquiera / ... / ...

    a) _____

    b) _____

F **Fórmulas idiomáticas.** *Exprese en español.*

1. We will win, no matter how much it may cost.

_____

2. Whatever happens, I shall go with you.

_____

3. Whether you want to or not, you have to agree.

_____

4. As far as I know, we shall not decide until tomorrow.

_____

5. We don't actually have much money left.

_____

G **Un poco de todo: expresiones impersonales y el subjuntivo en las cláusulas relativas.** *Llene el espacio en blanco con la forma apropiada del verbo entre paréntesis. Tenga cuidado con la secuencia de los tiempos verbales.*

1. Ud. necesita el apartamento que (ofrecer) _____ más comodidades.

2. Mientras más cerveza (tomar) _____, peor manejarás.

3. Como me hace tanta falta tener coche, aceptaré cualquiera que

    a. (encontrar) _____, **b.** (costar) _____

    lo que **c.** (costar) _____.

4. Era increíble que normalmente Uds. no **a.** (despertarse)

    _____ hasta las ocho menos diez para

    b. (llegar) _____ a tiempo a su primera clase.

5. Fue una lástima que **a.** (haber) _____ tantas

   preguntas en la tarea, y era obvio que nosotros las **b.** (tener)

   _____ que **c.** (contestar) _____ todas.

6. **a.** (Querer) _____ o no, es vital que tú **b.** (seguir) _____

   mis consejos para no **c.** (recibir) _____ malas notas.

7. Era difícil que Martín y Olga (llegar) _____
   a las ocho.

8. Íbamos a hospedarnos en el primer hotel que

   (encontrar) _____.

9. El próximo semestre voy a buscar unos cursos que no

   a. (ser) _____ tan difíciles como los que

   b. (tener) _____ ahora.

10. De niño, Manuel siempre hacía lo que le **a.** (decir) _____
    sus padres, pero ya que ahora tiene dieciocho años, por más que le

    b. (insistir) _____, su hijo sólo

    c. (hacer) _____ lo que **d.** (querer) _____

    hacer, **e.** (querer) _____ o no sus pobres papás.

11. Cuando yo era joven, sólo pensaba en **a.** (comprar) _____

    un Ferrari rojo, **b.** (costar) _____ lo

    que **c.** (costar) _____. Pero ahora

    entiendo que, siendo bibliotecario, por más que **d.** (trabajar)

    _____, nunca voy a poder costear tal vehículo.

12. Jorge era tan listo que no **a.** (haber) _____ nada que

    él no **b.** (entender) _____ después de haberlo
    estudiado por sólo un rato.

13. El vendedor me dijo que adondequiera que yo **a.** (ir) _____,
    nunca encontraría mejor ganga, pero yo le contesté que por más

    que **b.** (tratar) _____ de convencerme, nunca le
    compraría ninguna de sus artesanías porque buscaba unas que

c. (hacer) _____ juego con las que d. (tener) _____

ya en casa, y que él no vendía nada que me e. (gustar) _____

y que no f. (haber) _____ nada que me

g. (poder) _____ h. (decir) _____ que me

i. (forzar) _____ a cambiar de idea ni por insistente

que j. (ser) _____. No quise comprar cualquier

ñiquiñaque (*knickknack*) que me k. (mostrar) _____ y
por fin me marché para ir a un mercado donde l. (venderse)

_____ cosas de mejor calidad.

14. ¿Hay alguien en el mundo que no (oír) _____
hablar de los Beatles?

15. María me dijo que se iba a a. (casar) _____

conmigo cuando yo b. (querer) _____, pero no

aceptó ninguna fecha que yo le c. (sugerir) _____.

16. José está de vacaciones en Costa Rica, que yo

(saber) _____.

17. Me parece imposible que yo a. (ir) _____
a dominar este idioma algún día, pero no dudo que con mucha

práctica lo b. (hablar) _____ bastante mejor
en el futuro.

18. ¡No es verdad que Samuel me a. (traducir) _____
mi tarea para la clase de francés desde que empecé la clase

b. (hacer) _____ un mes!

19. Era difícil que Rita a. (poder) _____

b. (encontrar) _____ la tienda en que

c. (venderse) _____ el vestido que te

d. (encantar) _____ tanto.

20. No fue que yo te a. (decir) _____ que el

subjuntivo no b. (ser) _____ difícil, fue que te

c. (decir) _____ que **d.** (poderse) _____ aprender aunque lo era.

21. Aunque Héctor viniera a pedirme perdón mil veces, nunca le voy a **a.** (perdonar) _____. Creo que yo **b.** (necesitar) _____ un novio que **c.** (preocuparse) _____ más de mí que de su estúpido carro. Voy a decirle que yo no **d.** (creer) _____ que él **e.** (necesitar) _____ una novia, sino un mecánico. Y **f.** (pasar) _____ lo que **g.** (pasar) _____, yo no **h.** (pensar) _____ salir más con él hasta que venda su querido Corvette. ¡Ojalá que alguien se lo **i.** (robar) _____ pronto!

22. Es mejor que tú **a.** (leer) _____ bien las preguntas de una prueba antes de **b.** (empezar) _____ a **c.** (contestarlas) _____.

23. ¡Me alegro de que no **a.** (haber) _____ más preguntas aquí!, pero qué **b.** (saber) _____ yo, es probable que mañana la profesora nos **c.** (dar) _____ más que **d.** (ser) _____ tan difíciles como éstas. El próximo semestre voy a matricularme en cursos que no **e.** (exigir) _____ tanto trabajo.

5.3. | S E C C I Ó N   L É X I C A |

A ¿«El» o «la»?: dibujos. *Complete con el sustantivo representado y el artículo definido apropiado según los dibujos.*

1. _____   2. _____   3. _____

4. _____	5. _____	6. _____

7. _____	8. _____	9. _____

10. _____	11. _____	12. _____

B ¿«El» o «la»?: contexto. *Complete las siguientes oraciones escribiendo el artículo definido apropiado según el contexto.*

1. Cuando el teniente dio _____ orden, todos los soldados dispararon.

2. Había demasiadas nubes para poder ver _____ cometa.

3. _____ gallina tenía miedo de todo, hasta de su propia sombra.

4. Sin haber recibido _____ parte, se tomó una decisión equivocada.

5. _____ policía de esa ciudad es muy consciente.

6. _____ calavera se engañaba a sí mismo porque todas lo estimaban en muy poco.

7. _____ editorial que salió en el periódico de hoy denuncia el abuso doméstico.

8. Nunca se sabe lo que nos va a traer _____ mañana.

C «To ask»: ¿qué palabra? *Examine las siguientes oraciones en inglés e indique la palabra que debería usarse en español: preguntar, preguntar por, pedir, hacer o invitar.*

_____ 1. That fellow was asking about you.

_____ 2. Don't ever ask them to do that.

_____	**3.**	Don't ask her that question.
_____	**4.**	I never borrow money from relatives.
_____	**5.**	They asked me to play the piano.
_____	**6.**	I have asked her to several teas.
_____	**7.**	Never ask her how old she is.
_____	**8.**	She asked me: "Whose car is that?"
_____	**9.**	They're asking too much.
_____	**10.**	I asked her out last Saturday.

D **«To ask»: traducción.** *Escriba en los espacios en blanco las palabras españolas equivalentes a las palabras inglesas que se dan entre paréntesis. Tenga cuidado con el tiempo verbal que usa.*

1. Juan (asked) _____ a Luisa a acompañarlo al concierto.

2. Ese profesor siempre me (asks many questions) _____ _____.

3. Le (asked) _____ a Marta que me ayudara con la tarea.

4. Siempre que me ven, me (ask about) _____ mi mamá.

5. Le voy a (ask to borrow) _____ los patines a mi primo.

6. Cuando éramos niños, a todo el mundo siempre le (asked) _____ "¿por qué?" en cualquier situación.

5.4. PARA ESCRIBIR MEJOR

A Usos de la coma. *El siguiente pasaje resulta confuso porque se han suprimido las comas. Póngalas donde sea necesario.*

Cuando vi a Luisa por primera vez supe que iba a ser mi esposa; era la mujer más bella que había visto en mi vida. Claro tenía el pelo oscuro y largo ojos luminosos y un cuerpo divino pero su atracción iba más allá de lo corporal. Lo más llamativo de ella era su espíritu; sentí su presencia como si me bendijera un ángel. Cuando se lo dije a los amigos que estaban conmigo esa noche trataron de desanimarme pero ni las tachas que le puso Enrique ni la crítica de Luis con quien ya estoy peleado ni las cosas negativas que comentó Jorge pudieron disuadirme sino que me convencieron aun más de que había conocido a mi futura esposa. Curiosamente después de que nos habíamos casado Luisa confesó que esa primera noche al verme yo no le caí bien de ninguna manera y que nunca habría salido conmigo si Esteban su antiguo novio no hubiera cancelado la cita que tenía con ella para esa noche.

B **Mujeres y hombres emancipados.** *¿Qué condiciones se necesitan para que él y ella se sientan liberados? ¿Liberados de qué? ¿De la necesidad de trabajar tanto? ¿De tener niños? ¿Basta creerse emancipados? ¿Qué cree Ud.? Escriba un breve ensayo sobre este tema, incluyendo algunas de estas (y otras) ideas.*

_____

_____

_____

_____

_____

_____

_____

_____

_____

_____

_____

_____

C **¿Qué cuento?** *«Liberación masculina» empieza con las siguientes palabras (líneas 10–11): « … nos poníamos a discutir con tanto ardor como si estuviéramos casados» y termina con éstas (78–79): «¡Cuánta razón tenía Clarita, caramba, desde que éramos novios! No hay nada como la emancipación femenina … » Explique por qué el marido de Clarita ha cambiado totalmente su manera de pensar. Es decir, ¿por qué es ahora un «hombre moderno»?*

_____

_____

_____

_____

_____

_____

_____

_____

_____

_____

_____

CAPÍTULO 6

6.1. LECTURA

«El tiempo borra» (Javier de Viana)

A **Preguntas interpretativas.**

1. A pesar de acabar de salir del presidio, Indalecio se va sintiendo triste mientras se acerca a su «pago». ¿Cómo se explican sus sentimientos?

   _____

   _____

2. En el cuento se dan pocos detalles del crimen de Indalecio, sólo unas sugerencias de lo ocurrido. ¿Cree Ud. que él sentía remordimiento por haber matado a otro hombre? Explique su opinión.

   _____

   _____

   _____

3. Al final del cuento, Indalecio decide ausentarse una vez más de su tierra y de su familia. **a)** ¿Cuáles serán sus motivos por actuar de tal manera? **b)** ¿Es acertado decir que el castigo de Indalecio va a durar más de los quince años que pasó en la cárcel? Justifique su opinión.

   _____

   _____

   _____

B **Asociaciones.** *Llene los espacios en blanco con la letra de la palabra no asociada con las otras dos.*

		a	b	c
_____	1.	esparcir	recoger	extender
_____	2.	lotería	ganado	reses
_____	3.	inmenso	inabarcable	estrecho
_____	4.	tapiz	cobertizo	alfombra
_____	5.	llorar	chillar	susurrar
_____	6.	capital	prisión	presidio
_____	7.	rancho	choza	mansión
_____	8.	demorar	impulsar	espolear
_____	9.	añoso	viejo	reciente
_____	10.	saltar	anudar	atar
_____	11.	sincerarse	explicar	confiar
_____	12.	representar	matar	carnear
_____	13.	prole	hijos	canción
_____	14.	las puntas	las cimas	los extremos
_____	15.	sordo	atónito	sorprendido

C **Un resumen.** *Complete el párrafo siguiente, con los vocablos presentados a continuación.*

añosa	enceguecedora	mal ganada	el presidio
atónita	espoleaba	mechones	prole
blanqueaban	ganado	pago	se había juntado
campito	inabarcables	poblaciones	sementeras

El gaucho Indalecio volvía a su **(1)** _____ después de haber

pasado quince años en **(2)** _____. Había sido condenado a

la cárcel por matar a otro en una disputa sobre una carrera

(3) _____. Recordaba con tristeza cuando tuvo que

despedirse de su familia, de su **(4)** _____ y de su

(5) _____. Ya de vuelta, avanzaba por tierra de

(6) _____ límites, el día lleno de una luz

(7) _____ y un silencio absoluto. Por haber estado

ausente tantos años, Indalecio no reconocía las **(8)** _____ que

(9) _____ ni las extensas **(10)** _____

verdes, y dudaba si debía seguir adelante, pero una fuerza irresistible

lo **(11)** _____. Por fin llegó a su finca y vio una mujer

(12) _____, su esposa. Sus **(13)** _____ de cabello

gris cubiertos de un pañolón y rodeada de su **(14)** _____, la

mujer luego reconoció a Indalecio, sólo para tener que decirle que

(15) _____ con otro. Indalecio, desilusionado por completo,

le preguntó a la mujer si la guerra entre el Uruguay y el Brasil seguía,

y ella, **(16)** _____, le contestó que sí. Con eso el gaucho se

dirigió al este, dejando a su esposa aliviada y satisfecha.

6.2. SECCIÓN GRAMATICAL

El subjuntivo III / Cláusulas adverbiales

A **El subjuntivo después de ciertas conjunciones.** *Complete las frases siguientes escribiendo la forma apropiada de los verbos que se dan entre paréntesis. Tenga cuidado con la secuencia de los tiempos verbales.*

1. Les aconsejo **a.** (arreglar) _____ su cuenta de ahorros

   a menos que ya lo **b.** (hacer) _____.

2. Los padres de Fernando le prohibieron que **a.** (leer) _____ esa novela verde sin **b.** (saber) _____ que la **c.** (leer) _____ varias veces ya.

3. Se anunció que todos los empleados recibirían un aumento de sueldo, de manera que todos (ponerse) _____ contentos.

4. La mamá le cantó a su bebé a fin de que (dormirse) _____ pronto.

5. No voy a poder comprar otro coche a no ser que (conseguir) _____ un segundo empleo.

6. Nuestros tíos nos hablaron persuasivamente de modo que (quedarse) _____ con ellos una semana más, pero no pudimos.

7. Marta, lleva el paraguas en caso de que (llover) _____ esta tarde.

8. Nuestro profesor siempre nos daba muchos ejercicios para que (entender) _____ bien las lecciones.

9. Yo no iría a una fiesta con Luis aunque alguien me (dar) _____ una fortuna por hacerlo.

10. Aunque a Gertrudis no le **a.** (gustar) _____ que su compañera de cuarto le **b.** (pedir) _____ prestada su ropa, nunca le decía nada.

11. Nuestro jefe nos permitió que **a.** (tener) _____ otra copiadora en la oficina con tal que no le **b.** (costar) _____ mucho.

B **El subjuntivo y el tiempo.** *Complete las siguientes oraciones escogiendo la manera más lógica de terminarlas según el sentido de cada expresión. Hay que tener en cuenta la secuencia de los tiempos verbales.*

1. Ojalá que Magdalena ya nos **a.** (conseguir) _____ las entradas para cuando la **b.** (ver) _____ este fin de semana.

2. Mi mamá ya **a.** (envolver) _____
los regalos para mi cumpleaños antes de que

   b. (llegar, yo) _____ a casa esta noche.

3. Amelia siempre dudaba que yo nunca **a.** (salir)
_____ con otras chicas antes de que nosotros

   b. (conocerse) _____, y siempre quería

   que se lo **c.** (decir) _____, pero sólo le repetía

   que nunca en mi vida **d.** (conocer) _____

   antes a ninguna otra mujer a quien **e.** (querer) _____
tanto como a ella.

4. El chico ya le **a.** (escribir) _____ la

   carta a su novia varias veces antes de **b.** (decidirse) _____
a mandársela.

5. Era verdad que la inundación **a.** (llevarse) _____
todos los edificios del pueblo porque no vimos ninguno cuando

   b. (visitar) _____ el lugar unos días después.

6. Si todavía no **a.** (poner) _____ la
mesa, ponla inmediatamente antes de que tu papá **b.** (llegar)

   _____.

7. Cuando yo le **a.** (explicar) _____ a Diego que

   b. (necesitar, yo) _____ que me **c.** (ayudar) _____
con la tarea, ¡no quiso cooperar a menos que le

   d. (pagar) _____ cien dólares! Le recordé que siempre

   que él me **e.** (pedir) _____ ayuda, yo se la daba, y que por eso
la justicia de la situación lo obligaba a que me

   f. (dar) _____ su ayuda entonces.

8. Parecía que el chico cansado **a.** (dormirse) _____

   tan pronto como **b.** (acostarse) _____.

9. Señora, siento mucho que le **a.** (doler) _____
tanto los ojos recientemente. Siéntese y espere Ud. hasta que el

   doctor **b.** (poder) _____ examinárselos.

10. Tan pronto como Lola **a.** (ver) _____ el perro, empezó a gritar porque tenía miedo de que al animal le

b. (gustar) _____ comerse a las niñas.

11. ¡Ricardo! Sólo cuando ya te **a.** (hacer) _____ la cama y **b.** (bañarse) _____ será posible que

te **c.** (permitir) _____ que **d.** (salir) _____ con tus amigos.

12. Es necesario que Uds. **a.** (despertarse) _____

en cuanto **b.** (ser) _____ las ocho para **c.** (llegar) _____

a la reunión a tiempo. ¡Ojalá que no **d.** (estar) _____

nevando cuando **e.** (salir) _____!

13. Siempre **a.** (acostarse) _____ en

cuanto **b.** (ser) _____ las diez porque a esas horas estamos muy cansados.

14. Siempre se sirve el postre después de

(comerse) _____ los platos principales.

15. Dudaba que nosotros **a.** (ir) _____ a salir tan pronto

como Susana **b.** (llegar) _____ porque sabía que ella

c. (ir) _____ a querer **d.** (bañarse) _____ primero; nosotros saldríamos esa noche sólo después de que ella

e. (maquillarse) _____ y **f.** (ponerse)

_____ su vestido nuevo.

16. Normalmente pago las cuentas tan pronto como las (recibir)

_____ en el correo.

17. Ustedes **a.** (deber) _____ esperar bastante tiempo antes de

b. (casarse) _____ hasta que **c.** (estar) _____

seguros de que **d.** (amarse) _____ de verdad.

18. Te diré las noticias cuando las (saber) _____.

19. Paco, prefiero que tú no **a.** (salir) _____ esta

noche después de que nosotros **b.** (cenar) _____
porque casi nunca puedes visitar a tus bisabuelitos y es mejor que

los **c.** (conocer) _____ antes de que **d.** (morir) _____,
porque ya son tan viejitos. Si no es muy tarde, tan pronto como

ellos **e.** (irse) _____, puedes **f.** (salir)

_____ con tus amigos.

20. Me alegro de que no **a.** (haber) _____ más preguntas aquí,
pero voy a repasar estos ejercicios tan pronto como

b. (volver) _____ a casa, donde **c.** (pensar) _____

estudiarlos más hasta que **d.** (entender) _____
bien todo esto del subjuntivo.

C **El subjuntivo en resumen.** *Complete las siguientes oraciones
escogiendo la manera más lógica de terminarlas según el sentido de la
oración. Hay que tener en cuenta la secuencia de los tiempos verbales.*

1. Luis, haz tu tarea ahora mismo a menos que

a. (querer) _____ que tu papá te

b. (decir) _____ que la **c.** (hacer) _____

cuando él **d.** (volver) _____ de la oficina.

2. Mientras Anita **a.** (machacar) _____ unas
cebollas, Julia cortaba la lechuga para que la ensalada

b. (estar) _____ lista en seguida.

3. Cuando yo **a.** (ser) _____ niño, nunca podía

b. (hacer) _____ nada sin que mis padres lo

c. (saber) _____; siempre me parecía increíble

que **d.** (poder) _____ adivinar mis acciones antes de

que yo las **e.** (hacer) _____.

4. Aunque Ana **a.** (sentirse) _____

mal antes, cuando José la **b.** (llamar) _____ para

invitarla a **c.** (salir) _____ esa noche, le

d. (decir) _____ que sí porque temía que, si no, él iba a

e. (salir) _____ con otra chica que ella no

f. (conocer) _____ ni a quien

g. (querer) _____ conocer jamás.

5. Nos gustaría que el profesor **a.** (cesar) _____ de atormentarnos porque ya hace semanas que nos

b. (pedir) _____ que **c.** (aprender) _____

tantas formas verbales que no **d.** (poderse) _____

contar todas; de haber sabido que **e.** (haber) _____

tantas, nunca **f.** (volver) _____
de las vacaciones. Pero es cierto que sólo nos **g.** (quedar)

_____ poco del trimestre, y a menos que **h.** (pasar)

_____ algo inesperado o que **i.** (inventarse)

_____ otro tiempo verbal,

no tenemos que tener miedo de que **j.** (haber) _____ otro

tiempo que no **k.** (estudiar) _____ ya.
Sólo será cuestión de que el profesor nos **l.** (dejar)

_____ por fin en paz.

6. Papá me iba a permitir que **a.** (conducir) _____

sólo después de que **b.** (tener) _____ 21 años. Me

parecía injusto que **c.** (querer) _____ que

d. (esperar) _____ tanto tiempo. Por eso

esperaba con placer **e.** (conseguir) _____ un

trabajo que me **f.** (pagar) _____ mucho, e

g. (ir) _____ a comprar un auto que me

h. (gustar) _____ **i.** (costar) _____ lo que

j. (costar) _____ cuando **k.** (conseguir)

_____ por fin ese trabajo.

Cláusulas condicionales

D ¿**Presente o pasado?** *Exprese las siguientes oraciones en español.*

1. If I work, they pay me.

   _____

   _____

   If they worked, I would pay them.

   _____

   _____

2. If she lives, they'll be happy.

   _____

   _____

   If she died, they would be sad.

   _____

   _____

3. If we help the poor, they'll eat better.

   _____

   _____

   If they ate better, they would have more energy.

   _____

   _____

4. If you think about it, you'll see that I am right.

   _____

   _____

   If you were to think about it, you would understand my motives.

   _____

   _____

5. If it rained, we wouldn't go to the beach.

   _____

   _____

   If it had rained, we would have stayed home.

   _____

   _____

E «**Como si**», «**por si**» («**acaso**») **y** «**ni que**». *Complete las siguientes oraciones según sus preferencias.*

1. Ella canta como si _____

2. Él gasta dinero como si _____

3. Te dejaré veinte dólares más por si _____

4. Voy a llevar el paraguas por si _____

5. ¿Piensas jugar en vez de escribir tu tarea? ¡Ni que _____

_____!

6. Marco nos dijo que nos iba a ayudar con el aseo. ¡Ni que _____

_____!

F **¿Situaciones hipotéticas o no?** *Escriba la forma adecuada del verbo indicado para completar las siguientes frases.*

1. Si pudiera vivir en cualquier lugar del mundo, me (gustar)

_____ vivir en Puerto Rico.

2. De haber sabido que Rosa **a.** (ir) _____ a causar tanta

tensión en mi fiesta, nunca la **b.** (invitar) _____.

3. Siendo yo niño, cuando mi papá me **a.** (decir) _____

que **b.** (parar) _____ el coche si yo no

c. (comportarse) _____ bien cuando

d. (estar) _____ de vacaciones, **e.** (saber) _____
que debía dejar de molestar a mis hermanos en seguida.

4. No me gusta que Anita me **a.** (hablar) _____ como

si yo no **b.** (entender) _____ su situación.

5. Los daños **a.** (ser) _____
peores si los habitantes del pueblo no hubieran sabido nada del

peligro antes de que **b.** (llegar) _____ ese huracán.

6. Si **a.** (ver) _____ a Esteban, dile que no quiero verlo más

a menos que me **b.** (pedir) _____ perdón por lo que me

dijo la última vez que **c.** (salir) _____ con él.

7. No (haber) _____ tantos
problemas con el desfile, si hubiera hecho mejor tiempo.

8. Si tu hada madrina (aparecer) _____ para
concederte tres deseos, ¿qué le pedirías?

9. Si Ramón no (gastar) _____ tanto en
ropa el mes pasado, ahora tendría el dinero para pagar el alquiler.

10. Para que tú lo **a.** (saber) _____, aunque Noriberto

    me **b.** (invitar) _____ a salir con él mil

    veces, no **c.** (salir) _____ con ese tonto ni

    siquiera si él **d.** (ser) _____ más guapo que Antonio
    Banderas.

11. Me parece muy mal que Juan **a.** (hablar) _____

    como si lo **b.** (saber) _____ todo.

12. Si Ramona (ver) _____ a Sara nunca la saluda porque

    está peleada con ella.

13. ¡Qué lindo sería si todos (llevarse) _____
    bien!

14. Yo nunca habría mencionado a Jorge mientras

    a. (hablar) _____ con Sara anoche, si

    b. (saber) _____ que ella lo

    c. (odiar) _____.

15. Si no **a.** (haber) _____ otra pregunta de este ejercicio,

    entonces **b.** (llegar, nosotros) _____ al fin.

6.3. SECCIÓN LÉXICA

A **Los prefijos «in-» y «des-».** *Exprese en español. ¿Lo puede hacer sin diccionario?*

1. unacceptable _____   6. to discharge _____

2. unpardonable _____   7. to discover _____

3. immortal _____   8. to unscrew _____

4. untouchable _____   9. to thaw _____

5. uncertain _____   10. to undress _____

B **«To become»: en el cine.** *Exprese en español, en los espacios en blanco, las expresiones de «become» o «get» que aparecen entre paréntesis.*

1. (It was getting) _____ de noche cuando por fin

llegué al cine. 2. (I became) _____ algo preocupado

cuando supe que quedaban pocas entradas. Esperaba a un amigo y

debíamos entrar, pero nunca vino. ¿Qué 3. (became of him)

_____? Acabé por ver «Evita» solo. Realmente

me gustaba el personaje principal porque aunque nació pobre,

4. (she became) _____ muy rica y poderosa. También

5. (became) _____ un verdadero ícono para los pobres de la

Argentina. Entonces, ¿cómo 6. (did she become) _____

tan egoísta y materialista? Ése es uno de los aspectos contradictorios

de su personalidad. Debo confesar que 7. (I became) _____

un admirador de Madonna por su talento para «vender» una canción.

Pero, más que eso, su personaje 8. (became) _____ cada

vez más vulnerable en la película. No estoy de acuerdo con aquellos

que dicen que Madonna 9. (became) _____ actriz a

pesar de no tener ningún talento dramático. Cuando salí del cine,

10. (it had gotten) _____ oscuro ya. Todavía

me preguntaba qué 11. (had become) _____

de mi amigo. Quizá él 12. (got sick) _____.

C **«To become»: conclusiones.** *Resuma la información presentada en los siguientes párrafos utilizando la expresión equivalente a «to become» más adecuada.*

Modelo: Héctor era de una familia muy humilde, pero entendía la
            importancia de la educación. Por eso se dedicó a sus
            estudios y avanzó rápidamente. Le dieron una beca para
            asistir a una facultad de medicina y al graduarse, empezó a
            ejercer la medicina.

            Héctor se hizo médico.

1. Ferdinand Marcos quería ser politico desde que era niño. Por eso se graduó de una facultad de derecho y comenzó a trabajar en una oficina de abogados.

   a) _____

   Marcos comprendía bien el proceso de entrar en la política: les hacía favores a los votantes y cultivaba su influencia. Después de ocupar varios puestos, cada cual más importante, por fin fue elegido presidente por los ciudadanos de las Filipinas.

   b) _____

   Con el creciente poder de Marcos, su mujer Imelda comenzó una colección grandísima de zapatos, y lo que es más chocante, no dejaba de comer.

   c) _____

   Desgraciadamente, una vez que Marcos había gozado de los privilegios de su puesto, dejó de respetar el proceso democrático y empezó a gobernar dictatorialmente.

   d) _____

2. Pepe Jirón, reconociendo por fin que no servía para los estudios y que podía ganar mucho más en los deportes, abandonó la universidad en su tercer año para ser jugador en un equipo de baloncesto profesional.

   a) _____

   El cambio de carrera de su hijo no les gustó nada a los padres de Pepe, pero cuando supieron el sueldo que él iba a ganar, se quedaron muy contentos con él.

   b) _____

   Pepe jugaba con el mismo equipo hacía años cuando por fin tuvo que dejarlo debido a su edad. Pero después le dieron una serie de puestos administrativos, y como cumplió todos sus deberes bien, lo nombraron entrenador principal del equipo.

   c) _____

   Y bajo la supervisión experta de Pepe, su equipo, que antes ganaba muy pocas competencias, casi de la noche a la mañana ganó todas las del campeonato mundial.

   d) _____

6.4. PARA ESCRIBIR MEJOR

A **Usos del punto y coma.** *El siguiente pasaje resulta confuso porque se han suprimido los puntos y coma, y las comas. Póngalos.*

Cuando por fin me desperté sufrí una desorientación completa nada me parecía conocido. Donde había habido árboles arbustos y flores ya sólo se veían edificios y casas algunos de ellos aparentemente antiguos donde había habido campos y riachuelos ya yo percibía solamente calles adoquinadas y aceras estrechas. El cielo que yo recordaba ser de un azul enceguecedor y en el que flotaban nubes blanquísimas redondas y grandes como si fueran galeras que navegaban por el espacio luego parecía un gris enfermizo manchado de nubezuelas que parecían estar ahogándose en el vacío que las devoraba. No tuve que reconocer la verdad ya no me encontraba en el mismo lugar o mejor dicho en la misma época en que me había dormido. Pero ¿dónde? ¿cómo? ¡¿cuándo?! estaba ansioso por descifrar ese misterio.

B **La vida interrumpida.** *El tema de una pérdida de una parte de la vida que se tiene que seguir después, ha sido bastante común en la literatura. Se ve en el cuento de este capítulo, pero es central también en «Rip Van Winkle» de Washington Irving y en bastantes películas, tales como «Sleeper» de Woody Allen. ¿Por qué cree Ud. que le fascina tanto este tema a la gente? Explique sus razones.*

_____

_____

_____

_____

_____

_____

_____

_____

_____

_____

C **Una vida borrada.** *Se divide «El tiempo borra» en tres partes. La primera marca la vuelta de Indalecio a un mundo mal recordado y cambiado. La segunda sirve para explicar su ausencia de quince años, mientras la tercera presenta las consecuencias de su condena en presidio. ¿Cómo reaccionaría Ud. si una cosa parecida le pasara? Siguiendo la misma estructura de «El tiempo borra», escriba un cuento sobre su regreso al mundo.*

   a) ¿Cómo es el mundo al que vuelve? ¿Cómo ha cambiado? ¿Qué espera encontrar?

_____

_____

_____

_____

_____

_____

_____

_____

   b) ¿Qué causó que Ud. estuviera ausente? ¿Cuánto hace que no está? ¿Qué le permitió volver a su vida anterior?

_____

_____

_____

_____

_____

_____

_____

_____

c) ¿Cuáles son las consecuencias de su ausencia? ¿Las esperaba?

_____

_____

_____

_____

_____

_____

_____

_____

CAPÍTULO 7

7.1. LECTURA

«Voces en la sombra» (Juan Ramón Vidal)

A **Motivos y fines.** *Conteste.*

1. ¿Para qué se reúnen los «vampiros»?

   _____

2. ¿Para qué se monta el «aquelarre» en torno a la tenue luz de un atril?

   _____

3. ¿Por qué no surge sonido alguno de la boca del galán fílmico?

   _____

4. ¿Por qué nos es familiar, al final, la voz del galán?

   _____

B **El español respecto al inglés.** *¿Qué frases de la derecha corresponden a las definiciones de la izquierda?*

_____	1. Puede dar la vuelta a toda la frase.	a) el ajuste de las labiales
		b) las pausas
_____	2. Los papeles más difíciles.	c) el uso del genitivo
_____	3. Cierra los labios.	d) b, m, p
_____	4. No coinciden al hablar.	e) apenas despega los labios

_____ 5. Lo que más problemas plantea.

f) los de señores mayores, alcohólicos, y drogadictos

_____ 6. La persona que habla muy bajito.

C **Sinónimos.** _Llene los espacios en blanco con la letra de los sinónimos dados a continuación._

a) actuación   **e)** débil   **i)** protagonista

b) alrededor de   **f)** días de trabajo   **j)** no les han gustado

c) comprenden   **g)** la filmación de una película   **k)** variaciones sutiles

d) de ahora   **h)** presenta   **l)** velocidad

1. (En torno a) _____ la **2.** (tenue) _____ luz de un atril … El **3.** (galán) _____ fílmico comienza a mover los labios … Pero quizá lo que más problemas **4.** (plantea) _____ es el ajuste de las labiales … El personaje borracho suele hablar muy bajito en **5.** (el rodaje) _____ … El enemigo **6.** (actual) _____ del doblaje no es otro que la **7.** (prisa) _____ … Antes, una película de dos horas se doblaba en cinco o seis **8.** (jornadas) _____. Hoy se hace en dos. No se **9.** (asimilan) _____ bien los textos. Muchas veces se descuida la **10.** (interpretación) _____ … Es una operación delicada, llena de **11.** (matices) _____ … Estas tendencias no **12.** (han sentado bien) _____ a los actores veteranos …

D **¿Qué quieren decir?** _Lea los siguientes pasajes y exprese en inglés las palabras indicadas._

1. «Cuándo se emitió por primera vez _Casablanca_ en TVE, contó con un excelente doblaje, en el que la voz de Bogart estuvo a cargo de José Guardiola».

   a) se emitió: _____

   b) contó con: _____

   c) estuvo a cargo de: _____

2. «El buen sonido final se consigue en la mesa de mezclas. Después del último *take*, el material doblado se ensambla nuevamente y, junto a la banda internacional de sonido, pasa al montaje definitivo».

   a) se consigue: _____

   b) se ensambla: _____

   c) montaje: _____

3. «La incorporación a la industria cinematográfica de nuevos sistemas como el ya popular Dolby, ha hecho que cada vez se preste más atención al *sound-track*, a la ambientación sonora de la película. Lo que se pretende es que las voces se integren, siendo lo más fieles posibles a la banda original».

   a) incorporación: _____

   b) ambientación: _____

   c) que … se integren: _____

7.2. | S E C C I Ó N   G R A M A T I C A L |

A **El artículo definido.** *Escriba lo más rápido posible, el artículo definido correcto para los siguientes sustantivos. Después, corrija y califique este «examen» según las respuestas y la escala que se dan a continuación.*

1. _____ aceite	**11.** _____ hecho	**21.** _____ problema
2. _____ apretón	**12.** _____ inglés	**22.** _____ protagonista
3. _____ azúcar	**13.** _____ idioma	**23.** _____ radiografía
4. _____ bar	**14.** _____ jugo	**24.** _____ sistemas
5. _____ cañones	**15.** _____ labor	**25.** _____ rodaje
6. _____ doblaje	**16.** _____ material	**26.** _____ telegramas
7. _____ ejemplo	**17.** _____ mensajes	**27.** _____ vez
8. _____ frase	**18.** _____ montaje	**28.** _____ vigores
9. _____ galán	**19.** _____ personaje	**29.** _____ violín
10. _____ gente	**20.** _____ papeles	**30.** _____ voces

Respuestas correctas: las (30), la (8, 10, 15, 23, 27), los (5, 17, 20, 24, 26, 28), el (todos los demás números).

NÚMERO DE RESPUESTAS CORRECTAS	ESCALA DE NOTAS
28–30	¡Fenomenal!
25–27	Muy bien
21–24	¿Aún no se ha despertado Ud.?
17–20	¿Ha bebido Ud. mucho alcohol?
13–16	¿Está Ud. moribundo/a?
0–12	¿Dónde es el funeral?

Usos del artículo indefinido

B **Circunstancias personales.** *Complete los siguientes segmentos con el artículo indefinido cuando sea necesario. Si no se necesita, escriba una X en el espacio en blanco.*

1. **a)** ___ vez yo hice de intérprete para **b)** ___ famoso dramaturgo español. Todo resultó bastante bien, al fin y al cabo, pero **c)** ___ problema especialmente grave tenía que ver con **d)** ___ cierto aspecto de su personalidad. ¡Le gustaba hablar! Si decía solamente **e)** ___ o dos frases, no había **f)** ___ problema. Pero, generalmente pronunciaba todo **g)** ___ párrafo antes de callarse. En tales circunstancias yo sólo podía resumir en vez de traducir **h)** ___ palabra por palabra.

2. Mi mujer y yo vivíamos en Madrid durante el año 1992. El español no era **a)** ___ problema, puesto que los dos lo hablábamos bien. Pero nos gustaba ver **b)** ___ película en inglés de **c)** ___ vez en cuando. **d)** ___ cierta noche fuimos a ver **e)** ___ nueva película todavía no doblada al español. El cine estaba lleno, pero sólo mi

mujer y yo nos reímos a menudo porque había **f)** ___ gran discrepancia entre el diálogo hablado y los subtítulos. Esto se debía, sin **g)** ___ duda, a **h)** ___ fuerte censura.

3. Ayer conocí por primera vez a **a)** ___ sobrina mía. Nació sólo hace un mes. Se llama Estefanía y tiene **b)** ___ manitas muy pequeñas. Por ejemplo, los cinco deditos de **c)** ___ mano podían cubrir sólo **d)** ___ pulgar mío. ¡Qué **e)** ___ impresión! La puse sobre mis rodillas y le canté **f)** ___ aria operática. Pareció gustarle porque en seguida se echó a dormir **g)** ___ siesta.

C **¿El artículo definido, indefinido o el neutro?** *Complete las siguientes oraciones con el artículo apropiado cuando sea necesario. Si no hace falta un artículo, escriba una X en el espacio en blanco. Haga contracciones cuando sea apropiado.*

1. **a)** ___ lunes siempre lo paso mal. **b)** ___ clases empiezan a **c)** ___ ocho y media, pero **d)** ___ malo es que no me despierto hasta dos horas más tarde.

2. No me sientan bien **a)** ___ manzanas verdes. Sólo **b)** ___ maduras son comestibles.

3. No te puedes imaginar ___ deliciosa que fue esa cena.

4. Hace más de cincuenta años que Isabel **a)** ___ II subió a **b)** ___ trono.

5. ¡Nunca había visto tal **a)** ___ cosa! Fue de **b)** ___ más raro ver a Andrés con **c)** ___ tatuaje que le cubría casi todo **d)** ___ cuerpo.

6. Tengo **a)** ___ pelo muy largo; me hace falta **b)** ___ recorte.

7. Hay **a)** ___ cierta ambigüedad en su respuesta. Tendré que hacerle **b)** ___ otra pregunta para aclararla.

8. Para mí, ___ mejor de este cuento es que es muy corto.

9. A **a)** ___ quince años supe lo que era **b)** ___ amor; dos meses después ya sabía que con **c)** ___ amor hay dolor.

10. Quiero que me compres **a)** _____ libra de **b)** ____ carne que se vende en esa carnicería de **c)** ____ calle Aguilar, pero si no la tienen, tráeme **d)** ____ carne de cualquier carnicería.

11. Sé que Benjamín no es **a)** ____ abogado, sino **b)** ____ dentista muy hábil.

12. Aunque existen **a)** ____ medios para aliviarla, **b)** ____ hambre sigue siendo **c)** ____ problema más grande de **d)** ____ mundo.

13. **a)** ____ bueno es que no habrá **b)** ____ clases **c)** ____ lunes, pero sin embargo voy a tener que estudiar **d)** ____ matemáticas y **e)** ____ lección de **f)** ____ física para **g)** ____ martes.

Preposiciones

D **¿Un diálogo amoroso?** *Llene los espacios en blanco con una de las preposiciones indicadas. Algunas se usan más de una vez.*

con / contra / de / desde / en / entre / por / según / sin / tras

—Llueve aquí tanto **(1)** _____ verano como **(2)** _____ invierno, ¿verdad?

—Que no. ¿Por qué dices eso? Tú siempre hablas mal **(3)** _____ mi país, **(4)** _____ una queja **(5)** _____ otra.

—No, mujer, no estoy **(6)** _____ tu tierra. ¿No has notado que llevo **(7)** _____ lo menos diez minutos **(8)** _____ decir nada negativo?

—(*Riéndose*) **(9)** _____ tus ideas, aquí vivimos en un lago.

—Mejor nadamos, chica. La verdad es que me han salido unas pequeñas membranas **(10)** _____ los dedos de los pies.

—Pues, **(11)** _____ hoy podrás nadar mucho mejor, ¿no?

E **Hacer sin ...** *¿Qué frase de la derecha corresponde a los siguientes modismos?*

_____	1.	a la fuerza	a)	hacer sin pensar
_____	2.	a oscuras	b)	hacer sin tener luz
_____	3.	a tontas y a locas	c)	hacer sin querer
_____	4.	a escondidas	d)	hacer sin saber
_____	5.	poco a poco	e)	sin hacerlo todo de una vez
_____	6.	a lo loco	f)	hacer sin revelárselo a otros
_____	7.	a ciegas	g)	hacerlo sin ser muy sensato

F **Mi mujer y mi rancho.** *Hace dos años yo me atreví a comprar un rancho muy bonito. Explique las reacciones de mi mujer a esa compra a base de los siguientes elementos. Use el pretérito o el imperfecto.*

1. al principio / oponerse a / …

   _____

   _____

2. ella / pensar / nosotros / arriesgarse a / …

   _____

   _____

3. ella / no querer / aventurarse a / …

   _____

   _____

4. ella / animarse / al ver / …

   _____

   _____

5. entonces / ella / meterse a / …

   _____

   _____

6. por fin / ella / comprometerse a / ...

_____

_____

7.3. ┃S E C C I Ó N   L É X I C A┃

A ¿**«Parecer» o «parecerse a»?** _Complete las siguientes oraciones con una forma de «parecer» o «parecerse a» según el contexto. Tenga cuidado con el tiempo verbal que usa y haga contracciones cuando sea necesario._

1. Ese hombre **a)** _____ mi tío Luis tanto que

   b) ¡ _____ gemelos!

2. El cuarto de Lupita _____ un desastre por estar tan desarreglado.

3. Esta película **a)** _____ la que vimos el fin de semana pasado, y hasta los actores de ésta

   b) _____ los de ésa. ¿Será la misma?

4. Con el cuello tan largo, esa mujer _____ un cisne, ¿no?

5. Después de llevar muchos años juntos, algunos matrimonios

   llegan a _____ bastante.

6. Tu piscina _____ un lago, ¡lo grande que es!

7. Me equivoqué en el hotel y traté de entrar en la habitación de al

   lado porque la puerta _____ la de la mía.

8. Todos los niños **a)** _____ unos ángeles cuando están dormidos, pero despiertos, algunos **b)** _____ Dennis the Menace.

B **Un poema tonto.** *Traduzca las palabras en inglés al español para completar el siguiente poema. Al final, intente añadir algunos versos originales. Cada verso debe tener once sílabas y una rima asonante (sólo de vocales).*

1. Él me invitó _____;   at the beginning of March

   yo se lo acepté _____.   at the end of May

2. Él me invitó a bailar el vals y el tango;

   yo dije «que no», escribiendo _____.   by hand

3. Él me invitó a un restaurante muy mono;

   yo preferí hacer manzanas _____.   baked

4. Él me invitó a una sesión de teatro;

   yo preferí ir a montar _____.   horseback (riding)

5. Él me invitó a un buen museo de arte;

   yo preferí caminar _____.   through the park

6. Él me invitó a darle un beso y un abrazo;

   yo _____ ofrecerle un canto.   began

7. Él me invitó a _____ su madre.   to meet

   yo le dije «que sí», un poco más tarde.

8. Él me invitó ... _____;

   yo _____.

9. Él me invitó ... _____;

   yo _____.

10. Él me invitó ... _____;

    yo _____.

Ahora, escriba un párrafo en que Ud. analice brevemente las diferencias entre «él» y «yo».

_____

_____

_____

_____

_____

_____

7.4. ‖ P A R A   E S C R I B I R   M E J O R ‖

A **Trozos de una carta amarga.** *La siguiente carta resulta confusa porque se ha suprimido toda la puntuación menos los puntos, los puntos de admiración y los signos de interrogación. Póngalos.*

Querida Estela

No entiendo dudo que pues no sé qué responderte. Cuando me escribiste ya no quiero verte más se me ocurrieron dos preguntas ¿cómo puede ser? y ¿qué hice yo? Yo creía que eras feliz así me lo parecías saliendo conmigo Fuimos a tantos lugares al cine al teatro a la playa Después de todas nuestras citas y excursiones siempre me decías lo mismo ¡Cómo me encanta tu compañía! ¿Qué ha pasado? ¿Yo me he convertido en un Mr. Hyde? ¿No fui para ti nada más que un tour guide que sólo servía para distraerte? Recuerdo bien nuestra última conversación

¿Tendrías interés en acompañarme a una función de la ópera?

¡Ay claro Antonio me gustaría mucho cuando quieras! ¿Así que ahora no quieres verme más? Esto me ha herido en lo más profundo. Me has ¿cómo pudiste? me quedo No no puedo creerlo ¿cómo creer que fueras capaz de tal abuso de mi afecto? que quieras romper conmigo. Escríbeme pronto para

B **Un ensayo.** *¿Ve Ud. muchas películas extranjeras? ¿Prefiere leer subtítulos o ver una película doblada? ¿Insiste en oír la voz original de cada actor o actriz? ¿Por qué? ¿Le molesta gran cosa que las palabras no queden exactamente sincronizadas con la boca de un actor? ¿Se pierde algo en una película doblada? ¿Qué? ¿Constituyen los subtítulos una distracción? Escriba un breve ensayo sobre sus preferencias en cuanto al doblaje de películas. Comente las preguntas dadas y otras que se le ocurran al desarrollar el ensayo.*

_____

_____

_____

_____

_____

_____

_____

_____

_____

_____

_____

_____

_____

_____

_____

CAPÍTULO 8

8.1. LECTURA

«No moleste, calle y pague, señora»
(Lidia Falcón)

A Preguntas basadas en el diálogo.

1. Mire Ud. el título otra vez. ¿De qué manera refleja la situación de Magda?

2. ¿Qué dijo Magda cuando el inspector le preguntó: «¿Qué hace Ud. aquí?»

3. ¿Cómo contestó el inspector cuando Magda le preguntó si era policía?

4. ¿Qué hace y dice el inspector cuando Magda le informa que su marido le ha roto el brazo y la ha echado de casa?

5. ¿Cómo reaccionó y qué dijo Magda cuando el inspector le preguntó si era verdad que ella y los niños le molestaban al marido?

_____

_____

_____

6. ¿Qué le dijo el inspector a Magda para que saliera de la comisaría? ¿De qué la perdona?

_____

_____

_____

B **¿Formas de comunicación?** *Sin consultar la lectura, llene los espacios en blanco con la letra que corresponda a la traducción correcta.*

_____ 1. balbucear   **a)** to grunt

_____ 2. bufar   **b)** to shout

_____ 3. chillar   **c)** to snort

_____ 4. gruñir   **d)** to cry

_____ 5. llorar   **e)** to stammer

_____ 6. gritar   **f)** to scream

C **Sinónimos.** *Escoja la palabra o frase que no tenga relación con las otras dos.*

	a	b	c
_____ 1.	comisaría	cafetería	estación
_____ 2.	cortina	telón	águila
_____ 3.	puro	limpio	cigarro
_____ 4.	con dificultad	a trompicones	con música

		a	**b**	**c**
_____	5.	denuncia	acusación	divulgación
_____	6.	orfanato	ayuda	asilo
_____	7.	relato	narración	pariente
_____	8.	dibujar	dar vueltas	retorcer
_____	9.	atracar	asaltar	percibir
_____	10.	ira	movimiento	furia
_____	11.	distinto	agitado	alterado
_____	12.	ademán	gesto	esperanza
_____	13.	enojado	enfermo	colérico
_____	14.	rehenes	ladrones	gente atrapada
_____	15.	bofetón	golpe	payaso

D **Movimientos.** *Todos estos movimientos ocurren en la lectura. Describa cada uno con una oración completa.*

1.

_____

_____

2.

_____

_____

3.

_____

_____

4.

_____

_____

5.

_____

_____

6.

_____

_____

7.

_____

_____

8.

_____

_____

9.

_____

_____

10.

_____

_____

8.2. SECCIÓN GRAMATICAL

A **Parejas de preposiciones.** *¿Cuándo debe emplearse «a», «de», «en» o «con»? Para facilitar su práctica con las preposiciones, se presentan a continuación, varios párrafos que contrastan el uso de sólo dos preposiciones a la vez. Llene los espacios en blanco con una de las dos preposiciones indicadas. Use una contracción («al», «del») cuando sea necesaria.*

1. **¿«A» o «de»?**

Magda vino **a)** _____ la comisaría (*police station*) **b)** _____ quejarse

c) _____ su marido porque quería protestar **d)** _____ los malos tratos de

él. En cuanto el inspector se enteró **e)** _____ (el) asunto, se puso

f) _____ parte **g)** _____ (el) marido. Magda se atrevió **h)** _____ insistir

con el inspector, pero **i)** _____ (el) final, tuvo que cambiar

j) _____ táctica: se olvidó **k)** _____ su denuncia y se fue.

2. **¿«En» o «de(l)»?**

El subinspector insistió **a)** _____ hablar con su jefe, porque varios

ladrones habían entrado **b)** _____ un banco. El inspector se puso rojo

c) _____ ira porque **d)** _____ ese mismo momento la radio gritó otro gol

e) _____ el partido de fútbol que el inspector escuchaba con ávido

interés. Entonces el inspector le preguntó a Magda por qué se

preocupaba tanto por un bofetón más o menos cuando el país estaba

f) _____ peligro. Magda seguramente pensó que el inspector le hablaba

g) _____ broma, pero, no, se lo decía absolutamente **h)** _____ serio. La

pobre Magda no podía confiar **i)** _____ nadie. Se apoyó

momentáneamente **j)** _____ el escritorio del inspector, vacilando

k) _____ aceptar toda la verdad de su situación.

3. **¿«En» o «con»?**

Magda se lo había preguntado muchas veces recientemente: ¿Por qué

se casó **a)** _____ su marido? Siempre había soñado **b)** _____ alguien tierno y cariñoso, pero él nunca era así. ¿Fue una reacción contra los deseos de sus padres? ¿Se empeñó **c)** _____ casarse **d)** _____ él porque a ellos no les gustaba? No sabía por cierto, pero no podía aguantar más. Tenía que acabar **e)** _____ estas circunstancias antes de convertirse **f)** _____ una persona incapaz de reconocerse a sí misma. Como él ya no se molestaba **g)** _____ fingir nada, ella tampoco lo haría. Y si no pudieran quedar **h)** _____ algún acuerdo lógico y razonable, ella no tardaría **i)** _____ dejarle. Tenía que confiar **j)** _____ tal plan de acción y seguirlo o Magda seguramente pensaría **k)** _____ cometer un crimen.

B **¿Qué preposiciones?** *Llene los siguientes espacios en blanco con la preposición correcta. Ahora no se limitan a sólo dos. Incluso hay algunos espacios que no necesitan nada, en los cuales se debe escribir una X.*

Hacía semanas que Magda buscaba **(1)** _____ una solución **(2)** _____ su dilema, pero no conseguía **(3)** _____ encontrar ninguna que realmente le satisficiera. Por eso, después **(4)** _____ varios meses, se dirigió **(5)** _____ la comisaría, llena **(6)** _____ esperanza. Pero no contó **(7)** _____ la reacción **(8)** _____ inspector. ¿**(9)** _____ quién se le habría ocurrido pensar que el inspector se enojaría **(10)** _____ ella? Bueno, cuando no logró **(11)** _____ nada positivo **(12)** _____ él, volvió **(13)** _____ casa deshecha y totalmente resignada. Fue entonces cuando Magda pensó **(14)** _____ …

C **Reglas para vivir.** *Complete la expresión «Ud. debe … », traduciendo las siguientes frases al español.*

1. Ud. debe _____ abstain from drinking

_____

2. Ud. debe _____ stop smoking

   _____

3. Ud. debe _____ get rid of bad friends

   _____

4. Ud. debe _____ repent for having done evil

   _____

5. Ud. debe _____ flee from all temptation

   _____

6. Ud. debe _____ forget fairy tales

   _____

7. Ud. debe _____ be on your knees more

   _____

8. Ud. debe _____ act in good faith always

   _____

9. Ud. debe _____ be ashamed for not feeling

   _____ pity for others

10. Ud. no debe _____ never boast about anything

   _____

D **Un desafío.** *Invente oraciones originales a base de los siguientes verbos y preposiciones.*

1. compadecerse de _____

   _____

2. padecer de _____

   _____

3. avergonzarse de _____

   _____

4. comprometerse con _____

_____

5. empeñarse en _____

_____

E **Unas preposiciones más.** *Llene los siguientes espacios en blanco con la preposición correcta. Hay algunos espacios que no necesitan nada, en los cuales se debe escribir una X. Use una contracción cuando sea necesario.*

1. Cuando los chicos acabaron **a)** _____ ver la exhibición, quedaron **b)** _____ volver **c)** _____ el museo con Francisco.

2. Daniel se puso _____ gritar cuando se le acercó el dentista.

3. Debemos _____ esperar aquí hasta las cinco.

4. La señora tardó _____ contestarme y me puse furioso.

5. Ricardo se obstina **a)** _____ decir tonterías y se niega

b) _____ hablar en serio.

6. ¿Viniste **a)** _____ hablar **b)** _____ Margarita y no te acordaste **c)** _____ llamarla?

7. Ofelia se arrepintió **a)** _____ venir al cine e insistió **b)** _____ regresar sin mirar toda la película.

8. El aburrido orador empezó **a)** _____ presentar un análisis detallado del desconocido personaje y decidimos **b)** _____ irnos porque no podíamos **c)** _____ resistir otra hora de aburrimiento.

9. Paco se enamoró **a)** _____ Marta y se casó **b)** _____ ella poco después.

10. Si el éxito del proyecto depende **a)** _____ mi ayuda, podéis contar **b)** _____ mi apoyo.

11. Jorge acababa **a)** _____ terminar sus tareas cuando su compañero de cuarto entró **b)** _____ la habitación.

12. Marcos nunca se molesta **a)** _____ limpiar su apartamento y a veces huele **b)** _____ basura.

13. a) _____ verano sirvo b) _____ voluntario en un hospital que está cerca c) _____ mi casa.

14. Si Uds. trataran a) _____ impedirle b) _____ venir, no tendrían éxito porque ése siempre se sale c) _____ la suya.

15. Juan buscaba a) _____ el verdadero sentido de la vida pero nunca dio b) _____ nada que le sirviera c) _____ explicación razonable.

16. Oliver Twist se atrevió a) _____ pedir b) _____ más budín.

17. Marta y yo pensamos a) _____ viajar por el Canadá cuando terminemos b) _____ estudiar este año.

18. Quise a) _____ decirle a Julia lo de su novio, pero ella se negó b) _____ escucharme.

19. La mamá le recordó a) _____ el niño que limpiara su cuarto para que el chico no se olvidara b) _____ hacerlo.

20. De niño, yo soñaba a) _____ ser piloto, pero más tarde me di cuenta b) _____ que no veía bastante bien para esa profesión y dejé c) _____ pensar d) _____ eso.

8.3. SECCIÓN LÉXICA

A **¿Qué quieren decir?** *Determine el sentido de las palabras en cursiva según el contexto y escriba en el espacio en blanco la palabra inglesa correspondiente.*

1. Hay una gran *discrepancia* entre las dos versiones del accidente.

   _____

2. La mujer reportó con *amargura* el abuso que había sufrido.

   _____

3. En la *oscuridad* no se podía distinguir nada.

   _____

4. Por ser tan popular la película, asistía al cine una gran *multitud* de gente cada noche. _____

5. A pesar de tener Marta sólo quince años, a todos les llamaba la atención su *madurez*. _____

6. Rodeada de gente desconocida, la joven miraba de reojo con *inquietud* a los desconocidos. _____

7. La vida de la Madre Teresa ha inspirado a muchos por su *espiritualidad*. _____

8. Durante la fiesta, los invitados se disgustaron por la *embriaguez* de Andrés, quien tomó mucho más vino de lo debido.

_____

9. Una persona generosa comprende y perdona las *flaquezas* de sus amigos. _____

10. A mí me importa mucho la *limpieza*; quiero que todo esté bien arreglado y en su lugar. _____

11. La *adolescencia* puede ser un período bastante difícil para muchos jóvenes. _____

12. En cambio, la *vejez* también les puede ofrecer muchos problemas a los ancianos. _____

13. Estos muebles son de *hechura* muy buena; se nota su calidad de inmediato. _____

14. Con tanto llover e incesante calor, la *humedad* resultante les molestaba a todos. _____

15. La *rareza* de las contestaciones del estudiante consternaba a todos sus maestros. _____

16. Compré estas sábanas por su *suavidad*; dormir sobre ellas es como dormir sobre una nube. _____

17. Para ser locutor de radio, importa mucho la *resonancia* de la voz.

_____

18. Ricardo hacía tantas *locuras* que nadie lo tomaba en serio.

_____

B **¡Atención!** *Traduzca las siguientes oraciones al español, siempre empleando un modismo con la palabra «atención».*

1. It makes me mad that my husband reads the paper and doesn't pay attention to me.

   _____

   _____

2. We wrote that we were thankful for their kindness.

   _____

   _____

3. Javier was surprised that Sara wasn't at the meeting and in view of that, he left early to look for her.

   _____

   _____

4. His father reprimanded José for not helping more with the household chores.

   _____

   _____

5. The dresses that the actresses wore at the debut (*estreno*) attracted a lot of attention.

   _____

   _____

8.4. PARA ESCRIBIR MEJOR

A **Un diálogo vivo.** *Originariamente se usaban sólo formas de «decir» para indicar el intercambio entre las dos personas del siguiente diálogo. Como eso resultó algo monótono, se han eliminado todas esas formas. Sustitúyalas con formas de los verbos de la lista a continuación, usando el pretérito. No use más de dos veces el mismo verbo. Si no se necesita un pronombre de complemento indirecto según el verbo elegido, táchelo del texto.*

anunciar	gritar	pedir	quejarse	señalar
añadir	insistir	preguntar	razonar	responder
contestar	murmurar	prometer	repetir	
exclamar	observar	protestar	replicar	

—¡Qué mañana más linda! —le **(1)** _____ Susana al abrir la ventana—. En un día así me dan ganas de ir al parque. ¿Qué te parece, Manolo? —le **(2)** _____.

—Pues, para mí —le **(3)** _____ su esposo—, como dicen que hoy va a llover, creo que será mejor que nos quedemos en casa.

—¡Ay, no! —le **(4)** _____ Susana. —Nunca quieres salir de casa. Nunca me llevas a ningún lugar —le **(5)** _____.

—Eso no es cierto —le **(6)** _____ Manolo—. ¿No te llevé a cenar el mes pasado? —le **(7)** _____.

—¡El mes pasado! —le **(8)** _____ su esposa.— ¡Esto es como decirme el año pasado! —le **(9)** _____.

—No exageres, mi amor —le **(10)** _____ Manolo.— ¿Para qué quieres salir tanto? —le **(11)** _____.

—¡Mira! —le **(12)** _____ Susana. —Yo voy a aprovechar este bonito día. Me encantaría que lo pasaras conmigo, pero de todos modos yo voy a salir— le **(13)** _____.

—No te pongas así, querida— le **(14)** _____ tiernamente Manolo.— Tal vez no vaya a llover, y siempre podemos llevar un paraguas por si acaso— le **(15)** _____.— Espérame un ratito y estaré listo para acompañarte adonde quieras —le **(16)** _____.

—Gracias, mi amor —le **(17)** _____ Susana.

—Verás, hoy vamos a divertirnos fenomenalmente.

B **Su opinión personal.** *¿Cuál es su opinión personal sobre las siguientes afirmaciones basadas en la lectura de este capítulo? Explique.*

1. La tradición patriarcal (o machista) se hace muy evidente en este pequeño drama.

    _____

    _____

    _____

2. La posición física de Magda le hace «inferior» con respecto al inspector.

    _____

    _____

    _____

3. Además de ser machista, el inspector sencillamente no es ni cortés ni muy bien educado.

    _____

    _____

    _____

4. Magda no es víctima una sola vez.

    _____

    _____

    _____

5. En su cólera, el inspector enumera diversos tipos peligrosos en la sociedad. Desde su perspectiva, la mujer también podría incluirse en esa lista.

    _____

    _____

    _____

CAPÍTULO 9

9.1. LECTURA

«La sandía» (Enrique Anderson Imbert)

A **Pasado y presente.** *Conteste estas preguntas sin consultar la lectura.*

PASADO

1. ¿De dónde era Galán? _____

2. ¿Adónde había ido un verano? _____

3. ¿Qué hacía allí? _____

4. ¿Le gustaban sus clases? _____

5. ¿Y los fines de semana? _____

PRESENTE

6. ¿Por qué es especial este fin de semana? _____

7. ¿Con quién se encuentra Galán? _____

8. ¿Adónde lo lleva y qué le enseña allí? _____

   _____

9. ¿Cuál es el dilema del decano y sus compañeros? _____

   _____

10. ¿A quiénes les echan la culpa los niños? _____

   _____

B **El Valle de los Treinta.** *¿Qué frases de la derecha, completan los sustantivos de la izquierda?*

_____	1. el valle …	**a)**	de la montaña
_____	2. las maderas …	**b)**	para los niños
_____	3. las piedras …	**c)**	estrechos y tortuosos
_____	4. una represa …	**d)**	de bandidos
_____	5. un paraíso …	**e)**	a trepar
_____	6. unos espías …	**f)**	de cuestas
_____	7. una película …	**g)**	de los treinta amigos
_____	8. los senderos …	**h)**	del gobierno
_____	9. un laberinto …	**i)**	del bosque
_____	10. un cerro lo invitó …	**j)**	que nos despojan

C **Definiciones.** *¿A qué se refieren las siguientes expresiones? Ponga una letra en el espacio en blanco.*

_____	1. Gracias al alboroto estudiantil.	**a)**	subir
_____	2. «Fruta oxímoron: fría llamarada»	**b)**	efecto adverso del sol
_____	3. Conjunto de hojas secas.	**c)**	inclinó
_____	4. «Cuidado con una insolación»	**d)**	con la cara hacia abajo
_____	5. Cayó de bruces.	**e)**	sandía
_____	6. Un encogimiento de hombros.	**f)**	embalse
_____	7. Se agachó sobre el agua.	**g)**	hojarasca
_____	8. Unos espías … nos despojan.	**h)**	roban
_____	9. Para construir una represa.	**i)**	no le importa
_____	10. Los estudiantes se escabullían.	**j)**	ruido

_____ **11.** Usted se da unas vueltas, solito y su alma.

k) se escapaban

_____ **12.** Un cerro lo invitó a trepar.

l) completamente solo

D **Asociaciones.** _Llene los espacios en blanco con la letra de la palabra no asociada con las otras dos._

	a	b	c
_____ **1.**	descargar	sentarse	disparar
_____ **2.**	cuestas	pendientes	precios
_____ **3.**	rubicundo	enojado	rojizo
_____ **4.**	ruido	alboroto	madrugada
_____ **5.**	inconveniente	abuso	molestia
_____ **6.**	brillar	golpear	azotar
_____ **7.**	errar	vagar	relajar
_____ **8.**	limpio	bonito	pulcro
_____ **9.**	frenar	parar	comenzar
_____ **10.**	rumor	chiste	ruido
_____ **11.**	carga	aburridero	aburrimiento
_____ **12.**	pisar	subir	trepar
_____ **13.**	tropezarse	inclinarse	agacharse
_____ **14.**	valle	peña	roca
_____ **15.**	represa	encogimiento	embalse
_____ **16.**	escaparse	esconderse	escabullirse
_____ **17.**	grande	alrededor	a la redonda
_____ **18.**	error	facha	apariencia
_____ **19.**	proteger	acostar	respaldar
_____ **20.**	tortuoso	retorcido	doloroso
_____ **21.**	robar	despojar	desvestir

9.2. SECCIÓN GRAMATICAL

Por y para

A ¿**«Por» o «para»?** *Sin traducir todo el párrafo, ¿usaría Ud. «por» o «para» en las expresiones que se dan entre paréntesis?*

The ferry was late. Tío Juan's arrival had been delayed **1.** (for) _____ nearly three hours. **2.** (On account of) _____ that delay, nobody could take the return ferry **3.** (for) _____ Santa María. That was a real disappointment **4.** (for) _____ the children. They were **5.** (on the verge) _____ of crying when Tío Juan opened an enormous bag he was carrying, rummaged **6.** (around in) _____ it with his oversized hand, and finally pulled out several chocolate bars, one **7.** (for) _____ each child. Incipient tears were dried **8.** (by) _____ everyone. **9.** (By) _____ nine o'clock the children were in bed and their parents ready **10.** (to) _____ eat the wonderful fish Tío Juan had brought from Santa María.

B **Números y más números.** *Llene los espacios en blanco con «por» o «para».*

1. Tres _____ cinco son quince.

2. Faltan diez minutos _____ las tres.

3. Sesenta segundos _____ minuto.

4. Sólo trabaja _____ hora.

5. Hace mucho calor _____ el 31 de diciembre.

6. El noventa _____ ciento.

7. Le mandaron al banco _____ 100 dólares.

8. Este informe es _____ el primero de julio.

C **¿Cómo se dice?** *Exprese las siguientes frases con «por» o «para» en español.*

1. on the other hand _____

2. wine goblets _____

3. therefore _____

4. headache remedies _____

5. snow tires _____

6. unfortunately _____

7. in writing _____

8. for the time being _____

D **Oraciones originales.** *Invente oraciones a base de los siguientes elementos.*

1. acabar por: _____

2. optar por: _____

3. esforzarse por: _____

4. estar para: _____

5. trabajar para: _____

6. para ser: _____

E **¿«Por» o «para»?: un poco de todo.** *Llene los espacios en blanco con «por» o «para», según el contexto.*

1. _____ algunos estudiantes, este curso puede ser difícil.

2. Me quedé en casa anoche _____ mirar mi programa de televisión favorito.

3. Marcos está **a)** _____ acá porque lo vi entrar

   b) _____ esa puerta cuando regresó después de ir

   c) _____ más cerveza.

4. El gran patriota murió _____ sus convicciones.

5. Tengo que hacer la tarea _____ este viernes.

6. Yo trabajo **a)** _____ mi tío, pero él no me paga mucho y

    b) _____ eso muchas veces le pido a mi hermano que me

    sustituya cuando salgo **c)** _____ entrevistarme con

    otras compañías **d)** _____ poder encontrar un trabajo que

    me pague más. Yo no quiero trabajar **e)** _____ tan poco
    dinero.

7. Siempre nos gusta ir **a)** _____ barco cuando salimos

    b) _____ Europa, porque navegar **c)** _____ el
    mar nos divierte mucho.

8. Le mandó su oreja cortada a su antigua novia

    a) _____ mostrarle el gran amor que él se sentía

    b) _____ ella todavía, pero, **c)** _____ supuesto, ella no

    quiso recibir tal regalo **d)** _____ ser tan asqueroso;

    e) _____ ella, fue el acto de un pintor loco.

9. Mi meta es poder correr cuatro millas **a)** _____ hora

    b) _____ el fin de la primavera.

10. La madre castigó a su hijo _____ ser tan travieso.

11. _____ ser tan joven, ese chico es grandísimo.

12. _____ ser tan grande, ese chico ya juega al
    baloncesto.

13. El poeta recibió un premio _____ su colección de
    poemas.

14. Va a llegar _____ las dos de la tarde, según su carta.

15. Jorge está aquí sólo _____ ganar dinero.

16. Ellos están aquí _____ el mal tiempo.

17. Le pagan mucho _____ su trabajo.

18. _____ ser un niño de sólo tres años, sabe mucho.

19. Esos regalos son _____ sus parientes.

20. Probablemente los compraron _____ poquísimo dinero.

21. Lo voy a preparar _____ el próximo martes.

22. Ese poema fue escrito _____ José Martí.

23. Ellos van a viajar **a)** _____ avión **b)** _____ Alemania.

24. Este cuaderno es _____ ti.

25. Cambiaron los diamantes _____ esmeraldas.

26. Pienso votar _____ el candidato demócrata.

27. La luz de la luna entraba _____ la ventana de la celda.

28. Salió _____ (a través de) el patio.

29. **a)** _____ lo menos pagó parte de lo que nos debía

    b) _____ arreglar su coche.

30. Esa tarjeta de crédito es _____ el Sr. Acevedo Díaz.

31. Lo hizo _____ (a beneficio de) su cuñado.

32. La niña tuvo pesadillas **a)** _____ estar sola

    b) _____ la noche.

33. Me dio diez pesos _____ limpiarle el coche.

34. Estudié **a)** _____ cinco horas anoche **b)** _____ poder

    saber todo lo de la lección **c)** _____ mañana.

35. Después de graduarme quiero trabajar **a)** _____

    Microsoft porque es obvio que **b)** _____ el año 2025
    Bill Gates se habrá convertido en el dueño absoluto de toda la
    Tierra.

36. En otoño nos encanta dar un paseo **a)** _____ el

    parque **b)** _____ disfrutar de todos los colores de
    los árboles.

37. No, ésas son copas a) _____ champaña. Necesito

unas b) _____ vino tinto.

38. En vez de vender la vaca en el mercado, como le había instruido

su mamá, Juanito aceptó de un viejo misterioso unas semillas

encantadas _____ el animal.

39. Hace varias noches que no puedo dormir _____

el ruido que hacen los vecinos.

40. Te voy a llamar a) _____ teléfono esta noche

b) _____ ver si mañana quieres salir conmigo

c) _____ la Florida. Espero haber pasado

d) _____ Chicago e) _____ las once

de la mañana f) _____ lo menos g) _____
poder evitar el tránsito de la hora de almorzar.

41. ¡Mil gracias a) _____ el regalo! ¡Qué vergüenza,

no tengo nada b) _____ ti!

42. No entiendo a mi compañero de cuarto. a) _____
ser un joven de casi veinte años, hace las cosas más infantiles.

b) _____ ejemplo, toca la guitarra

c) _____ toda la noche y d) _____

eso nadie puede dormirse. e) _____ ser un
adulto, debe portarse más responsablemente. Estudia

f) _____ médico, pero g) _____

supuesto nunca lo va a ser h) _____ no dedicarse
bastante a sus estudios.

43. A mi tía le di un camioncito _____ mi sobrino.

44. a) _____ que lo sepas, no pienso salir con tu

primo ni b) _____ un millón de dólares.

45. En los Estados Unidos el viernes 13 es el día de mala suerte, pero

_____ nosotros, es el martes 13.

Locuciones prepositivas

F **Antónimos.** *¿Qué expresión de la derecha significa lo contrario de cada expresión de la izquierda?*

_____ 1. Yo estoy enfrente del edificio.

_____ 2. Pero estoy lejos del lago.

_____ 3. La sandía está fuera del refrigerador.

_____ 4. Un chico está separado del otro.

_____ 5. Los libros están encima del pupitre.

_____ 6. Anduvo alrededor del barrio.

a) dentro de

b) debajo de

c) a través de

d) cerca de

e) de espaldas a

f) junto a

G **Traducciones.** *Exprese en español las siguientes locuciones prepositivas. Use contracciones cuando sea necesario.*

1. (After) _____ una semana laboral bastante dura, el sábado por la mañana decidí visitar la pinacoteca (*art museum dedicated solely to paintings*) que estaba 2. (in front of) _____ el banco en la plaza mayor. Cuando llegué, sin embargo, me desanimé un poco al ver a mucha gente que hacía cola 3. (outside of) _____ el museo. Luego me acordé de que acababan de anunciar una exhibición especial de unas obras de Picasso y sin duda había tanta gente 4. (because of) _____ eso. 5. (Despite) _____ tener muchas ganas de ver las obras, me pareció mejor ir a otro lugar 6. (instead of) _____ hacer cola, como había más de cincuenta personas 7. (in front of) _____ mí. Entré en un café que estaba 8. (next to) _____ la pinacoteca, me senté, pedí un café y pasé una hora allí, observando 9. (through) _____ una ventana a la gente que seguía haciendo cola. Por fin decidí tratar de

entrar en el museo una vez más y al fin pude hacerlo sin tener que esperar mucho. Una vez **10.** (inside) _____ el edificio, me dirigí a la exhibición especial, que estaba **11.** (separated from) _____ los otros cuadros del museo. Miré con mucho interés las obras de Picasso; **12.** (below) _____ cada cual había una etiqueta que daba el nombre de la obra **13.** (besides) _____ el año en que se pintó. **14.** (Before) _____ que me diera cuenta, ya era hora de cerrar la exhibición, pero pude ver todos los otros cuadros que quedaban por mirar **15.** (by dint of) _____ apresurarme y pasar de uno a otro rápidamente. Por fin los había visto todos, y tuve que admitir que **16.** (as far as) _____ encontrar una buena manera de relajarme, había acertado en ir a la pinacoteca.

9.3. | S E C C I Ó N   L É X I C A |

A **«To grow» y «to raise».** *Lea el siguiente párrafo en inglés y escriba en los espacios en blanco la expresión española que Ud. emplearía para decir «to grow» o «to raise». ¿Puede hacerlo sin consultar la lección?*

My friend Albert **1.** (raised) _____ wheat and corn in western Colorado. He and his wife Tricia also **2.** (raised) _____ children, eight of them, to be exact. I asked him once which was more difficult. He laughingly responded that **3.** (growing) _____ hair on his bald head was surely more difficult than either one. Last year was particularly bad for him because he lost his corn crop, the bank **4.** (raised) _____ the interest rate on his loan, the county **5.** (raised) _____

his taxes in order to **6.** (raise) _____ more

revenue, and his children, **7.** (growing) _____

inevitably larger, seemed to eat more and more all the time.

What to do? He could **8.** (grow) _____ a mustache

and become a country-western singer. He could **9.** (raise)

_____ pigs. He could **10.** (raise)

_____ vegetables to sell at the farmers' market.

He could simply **11.** (raise) _____ his arms and

scream. What would you do?

B **Sustantivos formados con el participio pasivo.** *Ponga en el espacio en blanco la letra de la palabra que corresponda a cada definición.*

_____	**1.**	Una persona que no cumple con sus obligaciones.	**a)** alumbrado
_____	**2.**	Una tela especial hecha para un traje.	**b)** presumida
_____	**3.**	Las luces que iluminan todo el recinto.	**c)** pedido
_____	**4.**	Una persona vana y egoísta.	**d)** desobligada
_____	**5.**	La semejanza entre los hermanos.	**e)** impreso
_____	**6.**	Una solicitud hecha por diferentes servicios.	**f)** tejido
_____	**7.**	Un acontecimiento o evento.	**g)** parecido
_____	**8.**	Un encarcelado por sus crímenes o delitos.	**h)** hecho
_____	**9.**	Un accidente físico que puede ser sólo gracioso o también serio.	**i)** acusado
_____	**10.**	Material de diversas formas que se lee.	**j)** caída

C ¿**Adjetivo o sustantivo?** *En a) escriba una oración usando la palabra indicada como adjetivo; en b) escriba otra oración usándola como sustantivo.*

1. **a)** prometido/a:_____

   b) prometido/a: _____

2. **a)** bordado/a: _____

   b) bordado/a: _____

3. **a)** querido/a: _____

   b) querido/a: _____

4. **a)** herido/a: _____

   b) herido/a: _____

5. **a)** desconocido/a: _____

   b) desconocido/a: _____

9.4. PARA ESCRIBIR MEJOR

A **Una narración.** *Piense otra vez en las cualidades que caracterizan una narración interesante y entretenida: un buen comienzo, personajes y ambientes verosímiles, desarrollo completo sin caer en detallismo excesivo, inclusión de lo humano y de elementos dramáticos, y el uso de diálogo para animar la lectura.*

1) Teniendo estas cualidades en cuenta, escriba una narración breve de una experiencia suya en la que figuró prominentemente el prejuicio. Narre su cuento en tercera persona como autor-testigo presencial. Por ejemplo, se puede empezar el cuento escribiendo: «Yo recuerdo una desgracia que le acaeció a mi mejor amigo Jorge cuando estábamos en primaria … »

_____

_____

_____

_____

_____

_____

_____

_____

_____

_____

_____

_____

_____

_____

_____

_____

_____

_____

2) Ahora vuelva a escribir el mismo cuento, pero esta vez nárrelo en primera persona. Por ejemplo, se puede volver a contar la historia escribiendo: «Yo recuerdo una desgracia que me acaeció cuando estaba en primaria ... »

_____

_____

_____

_____

_____

_____

_____

_____

_____

_____

_____

_____

_____

_____

_____

_____

_____

B **La historia de Argentina.** *Busque, en una enciclopedia, paralelos entre la historia argentina y norteamericana sobre la inmigración. ¿Puede descubrir cuál ha sido su política sobre sus fronteras? ¿Entiende Ud. por qué es tan irónico que los niños tomen a Galán por mexicano?*

_____

_____

_____

_____

_____

_____

_____

_____

_____

CAPÍTULO 10

10.1. LECTURA

«Pecado de omisión» (Ana María Matute)

A **Preguntas interpretativas.**

1. ¿Por qué fue Lope a vivir con su primo Emeterio?

   _____

2. ¿Cómo era la familia de Emeterio? ¿Su esposa? ¿Su hija?

   _____

   _____

3. ¿Por qué no quiso escuchar Emeterio las observaciones y sugerencias del maestro de escuela en cuanto a las habilidades de Lope?

   _____

   _____

4. ¿Por qué encontró tan difícil Lope el entender a su antiguo compañero de escuela mientras los dos hablaban en el pueblo?

   _____

   _____

5. ¿Cómo se explica la reacción violenta de Lope al final del cuento?

   _____

   _____

B **Un resumen.** *Complete el párrafo siguiente con los vocablos presentados a continuación.*

a derechas	cecina	sordo
apuntado	chozo	tendió
asomada	el currusco	torpe
áspero	engulló	valía
buena lengua	rapada	zurrón
buscarse el jornal	retrasado	

Al quedar huérfano, Lope no podía seguir en la escuela porque tenía

que **(1)** _____. Fue a vivir con un primo de su padre,

Emeterio Ruiz Heredia, que tenía una casa grande

(2) _____ a la plaza del pueblo. La mujer de Emeterio era

flaca y dura y no de **(3)** _____. Emeterio no se llevaba bien

con la familia de su primo y a Lope no lo miró **(4)** _____.

Un día, apenas **(5)** _____ el sol, Emeterio llamó a Lope,

quien estaba poco crecido para sus trece años y tenía la cabeza

(6) _____, para decirle que iba a ser pastor. Lope

(7) _____ su desayuno rápidamente, llenó su

(8) _____ de pan, **(9)** _____ y

otras cosas y salió para las lomas de Sagrado. Don Lorenzo, el

maestro, lo vio y más tarde trató de convencer a Emeterio de que

dejara que Lope siguiera con sus estudios porque, según él, Lope

(10) _____, pero Emeterio sólo replicó que el joven

tenía que ganarse **(11)** _____. Lope pasó los cinco años

siguientes con Roque el Mediano, un hombre algo

(12) _____; compartían un **(13)** _____ de

barro, pero Roque hablaba muy poco y no era el mejor acompañante para un joven inteligente. Después de los cinco años en Sagrado, Emeterio quería que Lope bajara al pueblo para ver al médico. Por casualidad allí Lope se tropezó con un antiguo compañero de escuela, Manuel Enríquez. Manuel le **(14)** _____ una cajita de cigarrillos para invitar a Lope a fumar uno, pero al tratar de sacar un cigarro, Lope se dio cuenta de lo **(15)** _____ y **(16)** _____ que se había puesto. Dejando atrás a Manuel, Lope se dirigió a la casa de Emeterio, agarró un piedra y con un golpe **(17)** _____ mató a su primo que lo había mandado a pastorear, echando así a perder su talento.

C **Asociaciones.** *Llene los espacios en blanco con la letra de la palabra no asociada con las otras dos.*

		a	b	c
_____	1.	mentir	enrollar	liar
_____	2.	alzar	levantar	saludar
_____	3.	asomado a	detrás de	frente a
_____	4.	ruido	mochila	zurrón
_____	5.	duelo	dolor	disputa
_____	6.	habitación	cuartillo	recipiente
_____	7.	recursos	medios	intereses
_____	8.	atrasado	arrasado	derruido
_____	9.	pesado	amazacotado	encogido
_____	10.	tosco	áspero	fino
_____	11.	tender	extender	pastorear
_____	12.	imperturbable	pasado	impertérrito
_____	13.	hierba	zagal	muchacho
_____	14.	retardado	retrasado	atrasado
_____	15.	darse prisa	merendar	arrear

	a	b	c
_____ 16.	engullir	tragar	mentir
_____ 17.	afeitar	abusar	rapar
_____ 18.	paja	grasa	sebo

10.2. SECCIÓN GRAMATICAL

La colocación de adjetivos descriptivos

A **El adjetivo: ¿antes o después?** *Decida dónde se deben poner estos adjetivos. Tenga cuidado con la concordancia.*

1. Andrés siempre ha querido tener un _____

   coche de deporte _____. (italiano)

2. Muchos pasajeros murieron en el _____

   accidente _____. (horrífico)

3. Cuando el _____ mesero _____ tropezó,
   se le cayó la bandeja que llevaba a la cocina. (torpe)

4. La _____ abogada _____ era de una
   familia muy humilde. (famoso)

5. Juan es un _____ joven _____ que pasa
   horas leyendo sus lecciones. (estudioso)

6. Ayer pasé un _____ día _____ en la playa.
   (magnífico)

7. En mi país, los árboles parecen explotar en _____

   colores _____ en el otoño. (vivo)

8. El _____ orador _____ atormentaba

   a su público con _____ discursos

   _____. (aburrido, interminable:)

9. El cura de nuestro pueblo tenía un _____

   entendimiento _____ de lo humano. (profundo)

10. A causa de su _____ pierna _____, Julio no pudo jugar al fútbol por meses. (roto)

11. Los señores Galván querían entrañablemente a sus _____ hijos _____. (lindo)

12. Parecía que la _____ depresión _____ pronto iba a convertirse en huracán. (atmosférico)

13. Los _____ romanos _____ conquistaron todo el _____ mundo _____ de su época. (práctico, conocido)

14. Muchos médicos opinan que los zapatos de _____ tacón _____ son dañinos. (alto)

15. Don Ramón era un _____ hombre _____ y a nadie le caían bien sus _____ observaciones _____. (desagradable, sarcástico)

16. Es posible que tenga _____ gustos _____, pero no me gustan los _____ muebles _____. (anticuado, moderno)

La colocación de dos o más adjetivos descriptivos

B **Dos adjetivos.** *Cuando hay dos adjetivos en español, a menudo uno va antes del sustantivo y el otro, después. Complete las siguientes oraciones con los adjetivos presentados. Recuerde tener cuidado con la concordancia.*

1. Todos apreciamos las _____ obras _____ de Miguel de Cervantes. (magnífico, literario)

2. A los niños les encantan _____ cuentos _____. (imaginativo, tal)

3. Los anfitriones nos sirvieron una _____ cena _____. (tailandés, suntuoso)

4. Todos aprecian la catedral de Santiago de Campostela por su

_____ fachada _____. (barroco, impresionante)

5. Todos se levantaron para cantar el _____ himno

_____. (nacional, conmovedor)

C **Frases adjetivales** *(formadas con «de» + sustantivo). Estas frases siempre siguen al sustantivo. Exprese en español, teniendo cuidado con la concordancia.*

1. an elegant silk dress _____

2. delicious June strawberries _____

3. an ugly bedside table _____

4. her riding habit (suit) _____

5. traditional fairy tales _____

D **Frases hechas.** *Complete las siguientes frases, traduciendo las palabras inglesas al español.*

1. Hace años que María estudia (Fine Arts) _____.

2. Me tropecé con la Sra. Márquez en Madrid por (sheer coincidence) _____.

3. ¡Qué (a fun party) _____!

4. Le pedí al banco un préstamo de (short term) _____.

5. No me cae bien mi primo porque siempre hace (as he pleases)

_____ sin pensar en los demás. Se cree un

(freethinker) _____ pero no es nada más que un egoísta.

6. Todos se preocupaban por la salud del (Holy Father) _____.

7. Doña Inés no quiere que haya ni una (weed) _____ en su jardín.

8. Mario hizo (a very foolish thing) _____ al salir de casa sin cerrar la puerta con llave; más tarde le robaron todo.

Cambios de sentido de unos adjetivos según su colocación

E **¿Antes o después?** *Decida dónde se deben poner los siguientes adjetivos según su significado. Tenga cuidado con la concordancia.*

1. Pienso comprar un _____ coche _____ porque los últimos modelos son muy llamativos y me gustan. (nuevo)

2. Marta sólo lleva ropa hecha de _____ algodón _____ porque otros tejidos le irritan la piel. (puro)

3. Puedes aliviarte esa picazón con una (simple) _____ solución _____ de agua y bicarbonato de sosa.

4. Héctor le mintió a Ana de _____ maldad _____. (puro)

5. La _____ novia _____ de Raúl no quiso comunicarse con él de ninguna manera. (antiguo)

6. Durante la investigación del escándalo financiero el _____ gerente _____ no pudo explicar la falta de fondos en la caja de caudales; no le iba bien al _____ hombre _____. (mismo, pobre)

7. No te metas en los asuntos ajenos; ocúpate de tus _____ cosas _____. (propio)

8. Simón es un _____ muchacho _____ pero le cae bien a todo el mundo. (simple)

9. Es un _____ hecho _____ que Alicia se ha casado con un hombre mucho mayor que ella. (cierto)

10. A pesar de ser un (pequeño) _____ pueblo _____, les ofrece _____ atracciones _____ a los turistas que lo visitan. (diferentes)

11. Gozo de _____ ratos _____ de tiempo libre. (raro)

12. Rebeca era la _____ estudiante _____ que siempre podía contestar bien las preguntas de sus maestros. (único)

13. Arrasaron la _____ iglesia _____ para construir un _____ estacionamiento _____, ¡cómo si nos hiciera falta otro! (antiguo, nuevo)

14. Hace años que mi _____ amigo _____ Jaime y yo jugamos al baloncesto los sábados por la tarde. (viejo)

15. El _____ día _____ que los González ganaron el premio gordo, decidieron comprar una _____ casa _____. (mismo, propio)

F **Formas especiales del superlativo absoluto.** *En las oraciones siguientes, reemplace las formas del superlativo absoluto con las alternativas o las especiales.*

1. Lope era de una familia (pobrísima) _____.

2. Enrique es tan detallista. Se fija en detalles (pequeñísimos) _____.

3. La (sumamente célebre) _____ actriz me dio su autógrafo en el estreno de su última película.

4. Lupe vino corriendo con noticias (buenísimas) _____.

5. Al tropezarse con su antiguo vecino, Alberto le dio un abrazo (fuertísimo) _____.

6. Confucio fue un filósofo (excepcionalmente sabio) _____.

7. La comida que nos sirvieron en ese restaurante fue (malísima) _____.

8. La influencia del automóvil en la cultura estadounidense ha sido (grandísima) _____.

10.3. SECCIÓN LÉXICA

A **Formación de adjetivos.** *Escriba la palabra de la que se derivan los siguientes adjetivos.*

1. resbaladizo _____
2. cuarentón _____
3. sangriento _____
4. amistoso _____
5. soñoliento _____
6. cervantino _____
7. quejoso _____
8. mugriento _____
9. cabezón _____
10. enojadizo _____
11. azulino _____
12. movedizo _____
13. escandaloso _____
14. chillón _____

B **«To take».** *Lea el siguiente párrafo y llene cada espacio en blanco con el equivalente apropiado de «to take».*

A poco de llegar al aeropuerto, mi mujer y yo **1.** (took) _____ un taxi. Sólo al **2.** (taking) _____ el taxista el dinero que le ofrecí, me di cuenta de que alguien **3.** (had taken) _____ casi todo mi dinero. Entonces, le pedí al taxista que nos **4.** (take) _____ a un banco, pero no quiso. Mi hijo se ensució la chaqueta y, por eso, tuvo que **5.** (take it off) _____. **6.** (He took out) _____ otra de su armario. Pero, antes de ponérsela, decidió **7.** (to take) _____ una siesta. Él acababa de **8.** (taken) _____ un paseo y se había cansado. El avión **9.** (would take off) _____ dentro de cinco minutos, según el anuncio de la azafata. Yo había **10.** (taken) _____ la decisión de **11.** (taking) _____ un viaje al extranjero porque realmente necesitaba **12.** (take) _____ un descanso.

A **Una descripción.** *Teniendo en cuenta las características de una descripción subjetiva, describa el dibujo presentado a continuación. Escoja con cuidado los adjetivos que use para que su descripción le impresione con su viveza al lector. Haqa que el lector no sólo vea lo representado, sino que también sienta lo medroso de esta escena.*

_____

_____

_____

_____

_____

_____

_____

_____

_____

_____

_____

_____

B **¿Qué habría pasado si...?** *A causa de un pecado de omisión, Lope asesina a Emeterio. ¿Cómo habría sido la vida de Lope si Emeterio lo hubiera tratado de una manera compasiva? Identifique Ud. las acciones de Emeterio, y la falta de acción de él, que contribuyen al trágico enlace del cuento. Luego, vuelva a escribir la historia a grandes rasgos de tal manera que Emeterio cumpla bien con sus obligaciones familiares. En la versión del cuento de Ud., ¿cómo son distintos Lope y su vida al final?*

CAPÍTULO 11

11.1. LECTURA

«Adolfo Miller» (Sabine Ulibarrí)

A **Preguntas interpretativas.**

1. Es evidente por lo que hace que Adolfo es listo. ¿Cuáles son algunas de sus acciones que lo prueban?

   _____

   _____

2. Por lo menos hasta que llegó Víctor, y salvo en los bailes, Adolfo también sabía llevarse bien con la gente. ¿Qué indicios de esto hay en la primera mitad del cuento?

   _____

   _____

3. ¿Cómo era la relación entre Adolfo y don Anselmo antes de la llegada y casamiento de Víctor? ¿Cómo cambió esa relación después? ¿Cómo se explica tal cambio?

   _____

   _____

   _____

   _____

   _____

B **¿Cómo son?** *Ponga la letra del adjetivo que describa a cada una de las tres personas indicadas.*

1. Don Anselmo

   ____ ____ ____ ____

2. Adolfo

   ____ ____ ____ ____

3. Víctor

   ____ ____ ____ ____

a) pendenciero

b) confiado

c) vanidoso

d) importante

e) mostrenco

f) recio

g) hispanizado

h) culto

i) arrogante

j) gentil

k) honrado

l) orgulloso

C **Asociaciones.** *Llene los espacios en blanco con la letra de la palabra no asociada con las otras dos.*

		a	b	c
_____	1.	parentesco	apariencia	relación
_____	2.	alzar	recoger	vender
_____	3.	satisfacción	venta	subasta
_____	4.	culto	instruido	crecido
_____	5.	robar	salir	llevarse
_____	6.	galante	amatorio	rápido
_____	7.	entendido	preferido	predilecto
_____	8.	desamparado	mostrenco	grande
_____	9.	perezoso	recio	fuerte
_____	10.	aguantar	tolerar	comer
_____	11.	apropiado	debido	prestado
_____	12.	apacible	pasivo	tranquilo
_____	13.	conquista	rendimiento	ganancia
_____	14.	afable	bárbaro	gentil
_____	15.	volver	apartar	separar
_____	16.	banquero	ranchero	ganadero

_____ **17.** aprovechado	interesado	generoso
_____ **18.** pendenciero	paciente	irascible

11.2. SECCIÓN GRAMATICAL

Maneras de expresar conjetura y probabilidad en español

A **El futuro.** *¿Recuerda Ud. cómo formar el futuro en español? Escriba el futuro de los siguientes verbos, usando el sujeto que se indica.*

Modelo: almorzar (ellos): almorzarán

1. tener (Ud.):	**8.** poner (yo):
2. ver (nosotros):	**9.** caber (nosotros):
3. valer ("it"):	**10.** querer (ella):
4. venir (él):	**11.** poder (Uds.):
5. hacer (yo):	**12.** decir (nosotros):
6. salir (tú):	**13.** haber ("there"):
7. saber (tú):	**14.** traer (ellos):

B **«Will».** *Exprese en español las siguientes oraciones con «will» u otra construcción para indicar acción en el futuro.*

1. Will you close that window for me, please.

_____

2. They say it's going to be very cold this winter.

_____

3. We'll leave for the beach as soon as it stops raining.

_____

4. Sarita, you will study this lesson until you know it!

_____

5. The children will not clean their rooms.

   _____

6. You won't forget to write me, will you?

   _____

7. What will I do now?

   _____

C **El futuro de probabilidad.** *Complete los siguientes diálogos con la forma del futuro apropiada para expresar probabilidad o conjetura en el presente.*

1. —¿Quién es ese señor?

   —No estoy seguro, ¿ _____ el tío de Ana?

2. —¿Qué estudia Alejandro?

   —_____ geografía, como le fascinan tanto los mapas.

3. —¿Por qué hay tanta maldad en el mundo?

   —Eso lo _____ Dios.

4. —¿Has oído lo de Jaime?

   —Sí, ¡qué escándalo! ¿Qué _____ la gente?

5. —¿Cuántas millas nos quedan para llegar a San Antonio?

   —Nos _____ como cien.

D **«Would».** *Exprese en español las siguientes oraciones con «would».*

1. Daniel promised me that he would be careful.

   _____

2. I asked Raúl to return to me the books that he had borrowed, but he wouldn't.

   _____

   _____

3. Jorge would sleep better if he didn't drink so much coffee at night.

_____

_____

4. Would you like to go to the movies with me? You really should have more fun.

_____

_____

5. During the summer, my friends and I would go to the beach often to swim and sunbathe.

_____

_____

E **El condicional de probabilidad.** *Complete los siguientes diálogos con una forma del condicional para expresar probabilidad o conjetura en el pasado.*

1. —¿Qué hora era cuando llegaste?

   —No recuerdo, _____ las dos.

2. —¿Quién rompió esa ventana?

   —Había unos chicos que jugaban al béisbol. Ellos la

   _____.

3. —¿Por qué no me _____ por teléfono Elena anoche?

   —Pues, después de lo que le habías dicho del vestido que llevaba,

   _____ enojada contigo.

4. —¿Cuándo se fue Ignacio?

   —_____ antes de las ocho porque no estaba cuando llegué a esa hora.

5. —¿Quién le dijo a Luisa que yo no quería llevarla al baile?

   —Se lo _____ José porque está enamorado de ella y no quiere rivales.

F **Futuro perfecto y condicional perfecto.** *Escoja de la segunda columna la oración que complete mejor las de la primera para formar diálogos lógicos.*

1. —¿Para cuándo van a haber construido la nueva carretera?

2. —¿Quién te habría dicho tal tontería?

3. —¿Por qué no habrá llegado tu papá?

4. —¿Cuándo vuelven los García de su viaje a Londres?

5. —Cuando vi a Magali, ¡estaba tan flaca y pálida!

6. —¡Fue la cosa más rara! Ayer cuando salí a la calle, no pude encontrar mi coche.

7. —¿Qué le habrá pasado a Pepe? ¡Usa muletas!

8. —¿Recuerdas a Enrique Salazar, tu antiguo compañero de escuela?

a) —Se le habrá roto la pierna esquiando.

b) —¿Te lo habrían robado?

c) —Ya habrán vuelto si recuerdo bien sus planes.

d) —Sí, ¿qué habrá sido de él?

e) —La habrán terminado para fines de agosto.

f) —Me la dijo Rodolfo.

g) —No se habrá fijado en la hora y seguirá trabajando en la oficina.

h) —¿Habría estado enferma?

G **Otras maneras de expresar probabilidad.** *Siguiendo el modelo, exprese probabilidad o conjetura usando «deber de» y «haber de». Luego exprese la oración en inglés.*

Modelo: Marisa estará cansada.

    a) Deber de: Marisa debe de estar cansada.

    b) Haber de: Marisa ha de estar cansada.

    c) Traducción: Marisa is probably (must be) tired.

1. Sergio llegaría tarde.

    a) Deber de: _____

    b) Haber de: _____

    c) Traducción: _____

2. Serán las tres.

    a) Deber de: _____

    b) Haber de: _____

    c) Traducción: _____

3. Alicia tendría trece años en aquel entonces.

    a) Deber de: _____

    b) Haber de: _____

    c) Traducción: _____

4. Marcos se habrá ido ya.

    a) Deber de: _____

    b) Haber de: _____

    c) Traducción: _____

5. Luis se habría dormido temprano.

    a) Deber de: _____

    b) Haber de: _____

    c) Traducción: _____

6. Leticia lo sabrá.

    a) Deber de: _____

    b) Haber de: _____

    c) Traducción: _____

11.3.   SECCIÓN LÉXICA

A **El comercio.** *Complete las siguientes oraciones usando las palabras y frases presentadas en las páginas 276–278 del libro de texto. ¿Puede Ud. hacerlo sin consultar la lista?*

1. A menos que uno tenga mucho dinero, típicamente es necesario

    hacer una _____ cuando se compra una casa.

2. El colón es la _____ de El Salvador.

3. Para cobrar un cheque que no sea del titular de la cuenta, es

necesario que el cheque tenga _____.

4. La fecha para cuando se debe haber pagado una deuda es el

_____.

5. Para cubrir los gastos diarios y de poco valor, muchas oficinas

tienen una _____.

6. La cantidad de mercancía que está a mano es el

_____.

7. Como esa empresa no podía pagar sus deudas ni tenía

ganancias, tuvo que _____.

8. Hasta entre amigos, si uno le debe dinero a otra persona y no

puede pagárselo hasta más tarde, un _____
representa la promesa de cumplir con el deber en el futuro.

9. Pagué el coche _____ porque no había ahorrado

bastante dinero para poder pagarlo _____.

B **El mundo moderno.** *¿Entiende Ud. las transacciones bancarias? ¿Y las de la Bolsa? ¿Cómo podría explicárselas a la joven de estos dibujos? Sin consultar el libro de texto, escriba en español las definiciones de las palabras que aparecen en los siguientes dibujos.*

1.

_____

_____

_____

_____

_____

_____

_____

_____

2.

" acciones, ganancias, accionistas, la bolsa, el apoderado, la firma, contratos, pérdidas "

_____
_____
_____
_____
_____
_____
_____
_____
_____
_____
_____

C **Significados y usos de la palabra «cuenta».** *Complete las oraciones siguientes con la expresión adecuada según la información presentada entre paréntesis.*

1. Antes de invertir su dinero en esa empresa, (take into account) _____ Ud. que ha tenido pocas ganancias últimamente.

2. Cuando vea a Alfredo, voy a (give him a piece of my mind) _____ por lo que le dijo de mí a Micaela.

3. Podemos irnos tan pronto como la mesera nos traiga (the check) _____.

4. Noriberto nunca (caught on) _____ de que sus socios lo engañaban falsificando las cifras del inventario.

5. Cuando miré el reloj, (I realized) _____ que iba a llegar tarde a mi propia boda.

6. He tenido que escribir tantos trabajos este semestre que ya he

   perdido (count) _____ de ellos.

7. Tengo (accounts) _____ con todos los
   almacenes grandes de esta ciudad.

8. Me han dicho que la pulsera de (beads) _____ que
   heredé de mi abuela vale mucho, pero no pienso venderla de
   todos modos.

9. Se tuvo que suspender (the countdown) _____
   de la nave espacial por el mal tiempo.

10. Prefiero (to be self-employed) _____
    porque yo mismo puedo fijar las horas que trabajo diariamente.

11. Despidieron al Sr. Acevedo porque descubrieron que hacía años

    que (he was padding his expense account) _____.

12. Allí vienen los Mencía. (Let's pretend) _____
    no los vimos porque si se detienen a platicar, la señora nos estará
    hablando por horas.

13. Mi hermano siempre gasta (too much) _____
    porque paga por todo con sus tarjetas de crédito.

14. Experimentamos problemas por todo el viaje: se nos perdió el
    equipaje, llegamos tarde al hotel, y una vez allí, no pudieron

    encontrar nuestra reserva. (In short) _____, fue
    un desastre total. Y después, cuando llegaron (the bills)

    _____, tuvimos que (add it up)

    _____ tres veces antes de estar seguros de
    que no nos habían cobrado demasiado.

15. Me molesta bastante que los hijos de mis vecinos chillen
    tanto mientras juegan afuera, pero, bueno, (after all)

    _____ son niños.

16. Diego, como yo te invité a cenar la última vez, ¿qué te

    parece si esta cena corre (on you) _____?
    ¿Vale?

PARA ESCRIBIR MEJOR

A **Abreviaturas.** *¿Sabe Ud. qué significan las siguientes abreviaturas en español?*

1. Cía. _____

2. Dra. _____

3. S.A. _____

4. Genl. _____

5. Apdo. _____

6. 1º izqo. _____

7. S.S. _____

8. Lda. _____

B **Una carta al futuro.** *Escriba una carta bastante formal (y personal también) a su propio/a nieto/a que, sin duda, vivirá dentro de 50 años, y explíquele cuáles son sus valores personales, cuáles son los objetos y actividades que Ud. más valora, y cualquier otra cosa que se le ocurra. Por ejemplo, ¿qué diferencias culturales habrá entre su mundo y el de su nieto/a? Quiere hacer una buena impresión en él/ella para que no se olvide de Ud.*

_____

_____

_____

_____

_____

_____

_____

_____

_____

_____

_____

_____

C **Una comparación.** *Los cuentos «Adolfo Miller» y «Pecado de omisión» comparten muchos elementos temáticos y narrativos. ¿En qué se parecen las dos narraciones? ¿En qué se distinguen?*

12.1. LECTURA

«El ramo azul» (Octavio Paz)

A **Preguntas interpretativas.** *¿Por qué cree Ud. que el autor hace las siguientes afirmaciones en el cuento?*

1. «Se oía la respiración de la noche, enorme, femenina».

   _____

   _____

   _____

2. «En la puerta del mesón tropecé con el dueño, sujeto tuerto y reticente».

   _____

   _____

   _____

3. «Pensé que el universo era un vasto sistema de señales, una conversación entre seres inmensos».

   _____

   _____

   _____

4. «La noche era un jardín de ojos».

   _____

   _____

B **Una noche oscura.** *Indique con una X las expresiones que se relacionen con la oscuridad de la noche.*

_____	**1.** una mariposa encandilada	_____	**8.** No acerté a distinguir nada.
_____	**2.** me soltó de improviso	_____	**9.** Caminar a tientas.
_____	**3.** un cometa minúsculo	_____	**10.** los tamarindos
_____	**4.** un trapo empapado	_____	**11.** el serrucho
_____	**5.** alumbrado	_____	**12.** la palangana de peltre
_____	**6.** el parpadeo de la estrella	_____	**13.** un foco amarillento
_____	**7.** el fósforo quemaba	_____	**14.** qué mañoso es usted

C **Sinónimos.** *¿Qué palabra o frases de la derecha corresponden a las de la izquierda?*

_____	**1.** un cometa minúsculo	**a)**	me hinqué
_____	**2.** huaraches	**b)**	encenderse y apagarse
_____	**3.** arrodillé	**c)**	alas grisáceas
_____	**4.** parpadeo	**d)**	una curva luminosa
_____	**5.** escondrijo	**e)**	sandalias mexicanas
_____	**6.** toalla	**f)**	escondite
_____	**7.** mariposa	**g)**	trapo empapado

D **Antes y después del ataque.** *Complete las siguientes oraciones, dadas en orden cronológico, que revelan lo que el narrador hizo antes y después del ataque.*

_____	**1.** Caminé ...	**a)**	de una puerta.
_____	**2.** Alguien se desprendía ...	**b)**	el apagado rumor.

_____ **3.** Apreté ...   **c)** en seco.

_____ **4.** Percibí ...   **d)** largo rato.

_____ **5.** Intenté ...   **e)** a tropezones.

_____ **6.** Me detuve ...   **f)** el paso.

_____ **7.** Me acodé ...   **g)** correr.

_____ **8.** Corrí ...   **h)** al día siguiente.

_____ **9.** Vi al dueño del mesón ...   **i)** junto al muro.

_____ **10.** Huí del pueblo ...   **j)** cuando llegué a la plaza.

12.2. SECCIÓN GRAMATICAL

Verbos reflexivos

A **Acciones expresadas reflexivamente.** *Cambie Ud. las frases siguientes, haciéndolas reflexivas. Para hacer esto, es necesario quitar el complemento directo o indirecto original y reemplazarlo con el pronombre reflexivo, usando el mismo sujeto del verbo original. Luego exprese la oración cambiada en inglés.*

Modelo: La peluquera le cortó el pelo a la Srta. Díaz.

      a) La peluquera se cortó el pelo.

      b) The beautician cut her (own) hair.

1. Anoche nuestra tía nos acostó a las diez.

    a) _____

    b) _____

2. Vas a despertarnos muy temprano, ¿verdad?

    a) _____

    b) _____

3. Bañé al perro el sábado por la noche.

a) _____

b) _____

4. Mi abuela me lavó la cara.

a) _____

b) _____

5. Ernesto y su hermano me enseñaron a esquiar.

a) _____

b) _____

B **¡Qué mañana!** *Llene los espacios en blanco de la siguiente narración con la forma apropiada del verbo que se da entre paréntesis.*

Ayer por la mañana yo **1.** (despertarse) _____

muy tarde, sorprendido de que **2.** (olvidarse) _____

de poner el despertador la noche anterior. Normalmente, después de

3. (despertarse) _____, me gusta **4.** (quedarse) _____

en la cama unos minutos para **5.** (prepararse) _____

para el día que viene, pero como era tarde, **6.** (levantarse)

en seguida y fui al baño. Antes de **7.** (ducharse) _____,

8. (afeitarse) _____ y **9.** (cepillarse) _____

los dientes. Después de la ducha **10.** (secarse) _____

y volví a la alcoba para **11.** (vestirse) _____.

No pude **12.** (desayunarse) _____ porque no había

tiempo, pero sí **13.** (comerse) _____ rápidamente

una manzana. Estaba para salir corriendo al trabajo cuando

14. (fijarse) _____ en el calendario colgado en la pared

de la cocina y **15.** (darse) _____ cuenta de que ¡era sábado!

¡Por eso no había puesto el despertador! **16.** (Reírse) _____ de mí mismo un momento, luego **17.** (dirigirse) _____ a la alcoba, donde **18.** (desvestirse) _____ y **19.** (acostarse) _____, esperando poder volver a **20.** (dormirse) _____ después de mis preparativos innecesarios por **21.** (haberse equivocado) _____ de día.

C **Verbos reflexivos intransitivos.** *Exprese en español los verbos entre paréntesis.*

Johnny **1.** (ate up) _____ most of the popcorn, and what he didn't eat he **2.** (took [carried away]) _____ with him. He ate so quickly I don't think the butter even had time **3.** (to melt) _____. Why did he **4.** (go off) _____ like that? Who knows? Maybe **5.** (he was having) _____ his hair cut. Maybe **6.** (he was going to have) _____ his picture taken. Maybe he was hoping **7.** (to take) _____ a well deserved rest. In any case, knowing Johnny, I'm sure **8.** (he will enjoy himself) _____.

D **¿Morir o morirse?** *Ponga una X en los espacios en blanco si se debe emplear la forma reflexiva.*

_____ **1.** Forty thousand died on the highways last year.

_____ **2.** Papa, please don't die!

_____ **3.** Three children died in the flood.

_____ **4.** She was dying to buy his new CD.

_____ **5.** I was dying of laughter.

_____ **6.** To die or not to die, that is not the question.

_____ **7.** The poor thing has been dying for weeks.

_____ **8.** My uncle died last night.

El se impersonal

E **Traducción.** *Exprese en español.*

1. That isn't done here.

   _____

2. You (One) eat(s) well here.

   _____

3. How do you (does one) dance like that?

   _____

4. Spanish is spoken here.

   _____

5. How can this be explained?

   _____

La voz pasiva

F **La verdadera voz pasiva.** *Invente oraciones a base de los siguientes elementos, según el modelo.*

Modelo: novela / publicar / Juan
               Esa novela fue (será, ha sido) publicada por Juan.

1. ladrón / detener / policía

   _____

2. profesora / no engañar / mentira / estudiante (f.)

   _____

3. cena / preparar / prima / Luisa

   _____

4. ojos / Roberto / examinar / oftalmólogo (m.)

   _____

5. camisas / planchar / Inés

_____

La voz pasiva aparente

G ¿**Ser o estar?** *Exprese en español la palabra entre paréntesis.*

1. Empezaron a llegar los invitados, pero la mesa no (was) _____ puesta todavía.

2. Todas las tiendas ya (are) _____ cerradas.

3. El político popular (was) _____ asesinado por un resentido.

4. Raulito no pudo ver el desfile aunque (he was) _____ de pie.

5. No me caían bien esos vecinos porque (were) _____ desconsiderados.

6. Los niños todavía (were) _____ dormidos y su mamá tuvo que despertarlos.

7. La ciudad (was) _____ destruida por un violento huracán.

8. (It was) _____ una experiencia muy rara, ¿no?

El se pasivo

H **Admiración, amor y respeto.** *Exprese en español.*

1. That writer is much admired.

_____

2. She is much loved.

_____

3. He will be imprisoned soon.

_____

4. They are very respected.

_____

5. I was given a prize.

_____

▌ Un poco de todo. *Exprese en español.*

1. All the contracts were signed quickly.

_____

2. We are not accustomed to telling lies.

_____

3. Rolando was asked to play the guitar.

_____

4. He was allowed to enter.

_____

5. Much money will have been saved by July 15.

_____

6. After the accident, the skier feared that his legs were broken.

_____

7. It was obvious that the flowers had been brought by Jorge.

_____

8. The food was already heated when we arrived.

_____

9. The reports were checked over by the boss.

_____

10. I'm sure that the passive voice is understood now by everyone.

_____

12.3. ☐ S E C C I Ó N   L É X I C A ☐

A **Pares de palabras.** *¿Que palabras se relacionan entre sí? Escriba la forma masculina o femenina de cada palabra en los espacios en blanco.*

madero/a   modo/a   mango/a   punto/a

1. machete: _____

2. fuego: _____

3. vestido nuevo: _____

4. me cubre el brazo: _____

ramo/a   resto/a   suelo/a   ventanillo/a

5. coche: _____

6. árbol: _____

7. matemáticas: _____

8. zapatos: _____

herido/a   lomo/a   fruto/a   giro/a

9. cerro: _____

10. fresa: _____

11. venda: _____

12. dinero: _____

B **Identificaciones.** *Dé el nombre y el artículo definido de los siguientes objetos.*

1.   2.   3.   4.

_____   _____   _____   _____

5. **6.** **7.** **8.**

_____ _____ _____ _____

C **«To get».** *No traduzca todo el párrafo. Sólo dé en español la forma verbal que mejor exprese «to get» en cada caso.*

"Paco **1.** (has got) _____ a cold." "Is it necessary

2. (to get) _____ a doctor?" "One **3.** (just got) _____

here, but she really isn't needed." "Doesn't Paco need some

medicine?" "He **4.** (got) _____ some last night, but

5. (it got lost) _____ this morning somehow." "Don't tell

me … I can't believe it. So he'll have to see the doctor after all?

6. (They don't get along) _____ too well." "I don't

7. (get it) _____. Why not?" "She's his mother! She'll just tell

him **8.** (to get up out of bed) _____ and **9.** (get off

to) _____ school."

12.4. PARA ESCRIBIR MEJOR

A **¿Seguridad u horror?** *Al principio el narrador del cuento se siente muy libre, seguro entre «los labios» que le «pronuncian» en el inmenso «diálogo» del universo. Luego, sin embargo, se ve atrapado por un tipo amenazante, y se siente muy solo en el «pueblo desierto». ¿Qué quiere decir Octavio Paz con tal contraste? ¿Existe una comunidad de seres humanos o no? ¿Puede uno relajarse o debe guardarse de los demás en todo momento? La naturaleza, ¿nos amenaza o nos da seguridad?*

_____

_____

_____

_____

_____

_____

_____

_____

_____

_____

_____

_____

_____

B **Un informe.** *Siguiendo las sugerencias del libro de texto para componer un informe bien organizado e interesante, escriba uno breve sobre algún aspecto del surrealismo, sea el gráfico o el literario. Un tema posible es la importancia de la visión del ojo en el surrealismo literario, pero hay muchas otras posibilidades.*

_____

_____

_____

_____

_____

_____

_____

_____

_____

_____

_____

CAPÍTULO 13

13.1. LECTURA

«La tumba de Alí-Bellús»
(Vicente Blasco Ibáñez)

A **Preguntas interpretativas.**

1. ¿Cuáles fueron los motivos de García para inventar la leyenda de Alí-Bellús?

   _____

   _____

   _____

   _____

2. ¿Cree Ud. que cuando García aturdió a la *siñá* Pascuala con lo de Alí-Bellús, preveía los resultados que el contárselo iba a tener? Explique.

   _____

   _____

   _____

   _____

3. García le contó a la *siñá* Pascuala que había visto «cosas extraordinarias» en la tumba de Alí-Bellús, pero pasó por alto cómo había logrado levantar la losa que la ocultaba. Cuando los parroquianos volvieron a la iglesia, pudieron levantar la losa sólo

después de hacer esfuerzos casi heroicos. Con tanto esforzarse, ¿por qué no se les ocurrió dudar de la historia de García?

_____

_____

_____

B **Sinónimos.** *¿Qué palabras o frases de la derecha corresponden a las de la izquierda?*

_____	**1.** dorar	**a)**	pelear
_____	**2.** de corrido	**b)**	en abundancia
_____	**3.** torpeza	**c)**	golpe en la cabeza
_____	**4.** conquistar el pan	**d)**	hacerse partícipe de
_____	**5.** andar a palos	**e)**	cubrir con una capa de oro
_____	**6.** compartir	**f)**	falta de habilidad
_____	**7.** hojarasca	**g)**	ganarse la vida
_____	**8.** a chorros	**h)**	con facilidad
_____	**9.** coscorrón	**i)**	grupo de hojas

C **Asociaciones.** *Llene los espacios en blanco con la letra de la palabra no asociada con las otras dos.*

		a	**b**	**c**
_____	**1.**	moflete	insecto	mejilla
_____	**2.**	truco	pequeñez	jugarreta
_____	**3.**	quejarse	inclinar	agachar
_____	**4.**	encargo	contrato	bulto
_____	**5.**	atreverse	atacar	osar
_____	**6.**	criticar	chasquear	burlar
_____	**7.**	multitud	flauta	tropel
_____	**8.**	lóbrego	alto	oscuro

		a	**b**	**c**
_____	9.	descontento	con desagrado	entusiasmo
_____	10.	arrollar	atar	enrollar
_____	11.	aterrado	asustado	subterráneo
_____	12.	gritar	charlar	parlotear
_____	13.	manda	donativo	camisa
_____	14.	pugnar	posponer	luchar
_____	15.	oración	credo	miedo
_____	16.	sima	cierro	hueco
_____	17.	incrustado	empotrado	cubierto
_____	18.	templo	rato	iglesia
_____	19.	avergonzado	atrevido	descarado
_____	20.	confundir	aturdir	hurgar

13.2. SECCIÓN GRAMATICAL

La función adjetival de la forma «-ing»

A El participio activo. *Convierta los siguientes infinitivos en participios activos según el modelo.*

Modelo: arder > ardiente

1. descender _____	7. semejar _____
2. fulgurar _____	8. sonreír _____
3. quemar _____	9. doler _____
4. hablar _____	10. cortar _____
5. sobrar _____	11. sofocar _____
6. deprimir _____	12. colgar _____

B **Preposiciones + un infinitivo.** *Complete las siguientes expresiones en español.*

1. a sewing machine   una máquina _____

2. a typewriter   una máquina _____

3. He stopped breathing.   Cesó _____

4. She stopped talking.   Dejó _____

5. three years without seeing   tres años _____

C **¿«Or/a», «oso/a», «ante» o «ente»?** *Termine las siguientes oraciones con la forma adjetival de los infinitivos dados.*

1. Es una joven _____. (encantar)

2. Era un chico excesivamente _____. (hablar)

3. Fue un incidente realmente _____. (sorprender)

4. Ésta es una faena muy _____. (fatigar)

5. Son profesores extremadamente _____. (emprender)

6. Luis me ofendió con sus palabras _____ (herir) y

   yo le respondí de una manera _____. (cortar)

7. El rufián me echó una mirada _____. (amenazar)

8. Mi jefe es un hombre muy _____. (exigir)

D **Preposiciones y ...** *Exprese en español las expresiones entre paréntesis para completar estas oraciones.*

1. (After having been sick) _____ por tantas semanas, por fin don Ricardo comenzó a recuperarse.

2. (Upon hearing) _____ las buenas noticias, todos se pusieron contentos.

3. (Before leaving) _____ de casa, Marta desenchufó la plancha que (she had just finished

   using) _____.

4. Marta andaba contenta (until remembering)

   _____ que no había cerrado la puerta con llave.

5. (Without paying attention) _____ al
   tránsito, el niño empezó a cruzar solo la peligrosa calle.

E **Infinitivos = sustantivos.** *Exprese en español las palabras que se dan entre paréntesis.*

1. Es importante que los líderes no abusen de su (power) _____.

2. ¿Cuál es tu (opinion) _____ de este asunto?

3. Marco no cumplió con su (duty) _____.

4. Hay que tener en cuenta el (feeling) _____ de los demás.

5. El hombre es un (being) _____ de muchas contradicciones.

6. Los cazadores salieron para el bosque al (dawn) _____.

7. Se veía claramente el (sorrow) _____ de la viuda.

8. Don Ricardo es muy rico; varias empresas forman parte de su
   (assets) _____ .

9. Todos se sorprendieron del (knowledge) _____ de
   una niña tan joven.

10. Los murciélagos salían de las cuevas después del

    (dusk) _____.

Funciones adverbiales del gerundio

F **El gerundio.** *Reemplace las frases en cursiva con otras que empleen el gerundio, según el modelo.*

Modelo: *Mientras caminaba ayer por la calle,* me encontré
           con Julio.
           Caminando ayer por la calle, …

1. *Cuando el maestro entró en el aula,* los estudiantes dejaron de
   charlar entre sí.

   _____, …

2. *Como sabía que Eduardo era un mentiroso*, Raquel no les dio crédito a sus chismes.

_____, …

3. *Aunque me lo digas tú*, no creo que Ana se haya fugado con Martín.

_____, …

4. *Si tú estuvieras en mi lugar*, ¿qué harías?

_____, …

5. *Al pensarlo bien*, es mejor que no invitemos a Javier a la fiesta.

_____, …

6. *Si hace buen tiempo*, iremos a la playa mañana.

_____, …

G **Los tiempos progresivos.** *Exprese las siguientes oraciones en español.*

1. Laura is going around bragging about her engagement to Felipe.

_____

2. Paco said that he was coming at ten o'clock.

_____

3. We were working all day yesterday.

_____

4. Ramona is recovering more and more.

_____

5. I am writing you to request your help.

_____

6. I have been waiting for Luis for hours.

_____

7. After a brief rest, Héctor continued working.

_____

8. We are arriving the day after tomorrow.

_____

H **Traducción.** *Exprese en español.*

1. I saw her leaving.

_____

2. They heard me coughing.

_____

3. He drew her dancing alone.

_____

4. We remembered them hugging each other.

_____

5. I surprised her crying.

_____

El participio pasado en construcciones absolutas

I **Equivalente a «Si … ».** *Invente oraciones de acuerdo con el modelo, y después exprésulas en inglés.*

Modelo: morir su padre / el pobre quedarse huérfano

    a) Muerto su padre, el pobre se quedaría huérfano.

    b) If his father were dead, the poor boy would end up orphaned.

1. morir su padre ayer / todos estar de luto hoy

    a) _____

    b) _____

2. Una vez terminar la tarea / yo sentirse bien

    a) _____

    b) _____

3. descansar / Elena volver al trabajo

    a) _____

    b) _____

4. devolver mis apuntes / yo poder estudiar esta noche

    a) _____

    b) _____

5. teñir el pelo / verte mucho más joven

    a) _____

    b) _____

13.3. SECCIÓN LÉXICA

A **Adjetivos.** *Complete con una palabra apropiada de la siguiente lista.*

amorosa / chocantes / entrante / ganador / hispanohablantes /
humillante / indecorosa / insultantes / pendiente / poniente

1.	las noticias	6.	el mes
	_____		_____
2.	el sol	7.	la relación
	_____		_____
3.	una experiencia	8.	las palabras
	_____		_____
4.	la conducta	9.	los muchachos
	_____		_____
5.	el equipo	10.	una cuestión
	_____		_____

B **Algo que me ...** *Dé un adjetivo para cada una de las siguientes definiciones.*

1. Algo que me deja sordo. _____

2. Algo que me conmueve mucho. _____

3. Algo que me pone los pelos de punta. _____

4. Algo que me llama la atención. _____

5. Algo que me parte el alma. _____

6. Algo que me deslumbra fuertemente. _____

C **«To move».** *Complete las oraciones siguientes con un equivalente de «to move» o con uno de los modismos relacionados con este verbo.*

1. No me confiaba del desconocido y _____ él lo más que pude.

2. He trabajado mucho y el proyecto _____ bien.

3. Ese Carlitos nunca descansa; siempre quiere estar

   _____ .

4. Las palabras apasionadas del orador _____
   a todo el público en su discurso de ayer.

5. Cuando tenía cinco años, mi familia _____ a Toledo.

6. ¿Qué ha pasado con la silla que estaba en ese rincón? ¿Quién la

   _____ ?

7. Tan pronto como llegó a casa, Lupe _____
   ropa porque pensaba salir de nuevo a cenar.

8. _____ final de Andrés en el partido de fútbol
   nos ganó el campeonato.

9. Como se le habían perdido las gafas, Ángela tuvo que

   _____ la tele para poder ver bien la pantalla.

10. Paralizado de miedo, el cervato (*fawn*) no _____
    de debajo del arbusto donde estaba escondido.

A **Recursos estilísticos.** *En el capítulo 10 del libro de texto se repasan las cualidades de una buena descripción. Pensando en ésas y aprovechándo los adjetivos presentados en la sección de Ampliación léxica de este capítulo, describa un momento del día, como el amanecer, el mediodía o el anochecer, en que cambian los aspectos del día. El día puede ser uno de cualquier estación, pero su descripción debe incluir por lo menos tres símiles y tres metáforas, además de contener una variedad léxica.*

_____

_____

_____

_____

_____

_____

_____

_____

_____

_____

_____

_____

_____

_____

_____

_____

B **Consecuencias imprevistas.** *La leyenda, aparentemente innocua, inventada por García resultó en la destrucción del piso de la iglesia. Tal resultado inesperado es una de las cosas que hace divertido el cuento, pero la verdad es que las mentiras dichas con intención de molestar a veces pueden causar verdadero daño. Escriba Ud. sobre una experiencia suya en que algo que Ud. dijo, o que se le dijo, tuvo consecuencias imprevistas.*

_____

_____

_____

_____

_____

_____

_____

_____

_____

_____

_____

_____

_____

_____

_____

_____

_____

_____

CAPÍTULO 14

14.1. LECTURA

«La caja de oro» (Emilia Pardo Bazán)

A **Citas del cuento.** *Explique, en sus propias palabras, las siguientes citas del cuento.*

1. «Mi curiosidad … llevaba en sí misma su castigo y su maldición».

   _____

   _____

   _____

2. «… yo no podía ofrecerla, en desquite de la vida que le había robado, lo que todo lo compensa: el don de mí mismo, incondicional, absoluto».

   _____

   _____

   _____

3. «El maldito análisis lo seca todo».

   _____

   _____

   _____

B **Las píldoras.** *Conteste.*

1. ¿De qué estaban hechas? _____

2. ¿De qué tamaño eran? _____

3. ¿Qué forma tenían? _____

4. ¿Cuál era su condición? _____

5. ¿Cuál era su color? _____

6. ¿Quién se las vendió? _____

7. Eran muy caras. ¿Por qué las compró ella? _____

8. ¿Qué le aseguró el curandero en cuanto a esas píldoras? _____

_____

9. Sin embargo, ¿qué advertencia le dio? _____

_____

10. ¿Cuál ha sido, para la dueña, el efecto de las píldoras? _____

_____

C **Asociaciones.** *¿Qué palabra no es sinónima de las otras dos?*

		a	b	c
_____	1.	don	daño	regalo
_____	2.	fingía	padecía	sufría
_____	3.	tedio	indiferencia	lucidez
_____	4.	cargo de conciencia	remordimiento	coquetería
_____	5.	hacer el amor	rendir	cortejar
_____	6.	cambiar de expresión	demudarse	dueña
_____	7.	engañar	dicha	felicidad
_____	8.	achaque	maldición	dolencia

D **Antónimos.** *¿Qué expresiones de la derecha significan, más o menos, lo contrario de las expresiones de la izquierda?*

_____ 1. ternura   a) hablando en serio

_____ 2. coqueterías halagadoras   b) entregar

_____ 3. triunfo   c) desamor

_____ 4. bromeando   d) melancólicas reservas

_____ 5. perseguir   e) voluntad rendida

E **Identificaciones.** *¿Qué palabras presentadas en esta lectura corresponden a los siguientes dibujos?*

1.

_____

2.

_____

3.

_____

4.

_____

5.

_____

6.

_____

7.

_____

8.

_____

9.

_____

14.2. SECCIÓN GRAMATICAL

Relativos y conjunciones

A **¿«Que», «quien» o «lo que»?** *Llene el espacio en blanco con el pronombre relativo apropiado.*

1. La casa _____ Fernando compró por muy poco era blanca.

2. Allí vienen los chicos de _____ te hablé hace dos días.

3. ¿Quién te dijo _____ Margarita era mi novia?

¡_____ no entiendo es por qué la gente insiste en hablar tanto de mi vida privada!

4. El médico a _____ Elena llamó no estaba en su consultorio.

5. Ése es el empleado _____ me vendió los zapatos _____ te gustaron tanto. _____ no comprendo es por qué te gustan.

6. Rafael y Ramón eran los enfermos para _____ era la medicina.

7. Los jóvenes _____ nos robaron ayer parecían rufianes.

8. Minerva y Venus eran las diosas por _____ tuvieron la Guerra Troyana.

9. ¿Fueron buenos los entremeses _____ probaste en la fiesta _____ dio Inés?

10. La dirección de mis tíos _____ me dio mi primo no era la correcta.

11. Todos mis amigos me dicen _____ ése es el hombre a _____ me parezco tanto.

12. ¿Sabes _____ oí recientemente? Oí _____ Alicia y Rosa eran las chicas con _____ Eduardo salía al mismo tiempo.

13. El policía _____ me puso la multa era corrupto.

14. El hombre a _____ conociste anoche en la fiesta _____ dio Carmen era una persona _____ nos parecía muy rara a todos.

15. _____ quieres no es siempre _____ recibes.

16. Sarita, _____ es buena amiga de mi prima, estudia para enfermera.

17. Eduardo no escuchaba con atención _____ decía su profesora y por eso no sabía la respuesta correcta cuando ella le hizo esa pregunta.

B **¿Qué pronombre relativo?** *Subraye o señale con un círculo el pronombre relativo más adecuado para cada oración.*

1. Ésa es una herramienta sin (que, la que, lo cual) no se puede hacer el trabajo.

2. (Que, La que, La cual) acaba de llegar es la Srta. Montiel.

3. La parte (que, al que, a la cual) él se refiere es la sección tres.

4. El caballero inglés, (quien, el cual, a quien) conoció Ud. ayer, es un famoso inventor.

5. En el castillo antiguo hay tres torres desde (que, las cuales, cuales) se ve todo el valle del río.

6. El hombre (que, del que, de quien) Ud. me habló vino a verme hoy.

7. Son las muchachas (que, a quienes, quienes) me escribieron.

8. Ésas son las novelas (las cuales, las que, que) le gustaron tanto a su mamá.

9. Le daré (que, lo cual, lo que) he recibido.

10. La hija del gerente, (que, quien, la cual) es amiga mía, está enferma ahora.

11. El proyecto del Sr. Sabater, (que, el cual, a quien) le habló Ud. en Madrid, tiene ventajas apreciables.

12. (Esos que, Los que, Los cuales) vinieron a las tres son los ayudantes del jardinero.

13. Entró en el despacho la secretaria de mi jefe, (quien, que, la cual) parecía muy preocupada con la noticia recién recibida.

14. La guerra civil española fue un conflicto durante (la cual, el cual, que) murieron miles de ciudadanos inocentes.

C **Más pronombres relativos.** *Llene el espacio en blanco con el pronombre relativo apropiado «que», «quien(es)», "lo que", «lo cual», «el que» y sus otras formas o «el cual» y sus otras formas.*

1. Orlando se puso furioso, _____ no le gustó a nadie.

2. Los amigos de Marta, _____ salían conmigo, robaron un banco.

3. No pude averiguar _____ había pasado.

4. El profesor _____ enseña matemáticas se fue de vacaciones.

5. No pude encontrar la revista sin _____ no iba a poder terminar mi ensayo a tiempo.

6. La exhibición, después de _____ hubo muchas quejas, fue un desastre.

7. Las personas a _____ me refiero saben que se han portado mal.

8. La persona _____ me dijo esas cosas resultó ser la

   persona de _____ se me habían quejado mis vecinos.

9. El dentista de Elena, _____ es medio tonto, se equivocó al sacarle una muela sana.

10. Espero que el bruto _____ me rompió

    el estéreo reciba el castigo que merece, _____ probará que hay justicia.

11. La Torre Sears es uno de los edificios más altos del mundo, desde

    _____ se puede ver toda la ciudad de Chicago cuando no

    hay nubes, _____ ocurre raras veces.

12. El año próximo tendré que pagar 25.000 dólares, con _____ podría comprar un carro nuevo, para asistir a la universidad.

13. Me confundían los pronombres relativos, por

    _____ tenía que estudiarlos mucho.

D **Unas relaciones relativas: un poco de todo.** *Complete el siguiente diálogo con los pronombres relativos «que», «quien(es)», «el que» y sus otras formas, «el cual» y sus otras formas, «lo cual» y «lo que», según el contexto.*

—Pues, ¡dime **(1)** _____ pasó, mujer! —insistió Laura.

—Ya te he dicho todo —le contesté, algo molesta, a mi amiga,

a **(2)** _____ conocía hacía muchos años ya y

(3) _____ tenía la mala costumbre de querer saberlo todo,

(4) _____ a veces hacía hablar con ella no del todo

agradable. Ésta fue una de esas veces. —Noriberto y yo fuimos a esa

fiesta de **(5)** _____ te hablé hace una semana, en casa de

Ana, y no hay más que contar.

—Sí, a esa fiesta, después de **(6)** _____, si no recuerdo

mal, Uds. iban a otra. Bueno, **(7)** _____ quiero saber es

¿fueron Uds. a la segunda o no? Porque Raquel, **(8)** _____ es la

novia de mi primo, me ha dicho que no los vio ni siquiera en la fiesta

de Ana.

—Es posible que ella no viera a muchos de los invitados,

(9) _____, a fin de cuentas, no comprueba que los no

vistos no estuvieran presentes. Mira, Laura, no seas fastidiosa. En

cuanto a **(10)** _____ te ha indicado Raquel, con

(11) _____ todavía no he tenido el gusto, me parece que se

ha equivocado, porque Noriberto y yo sí asistimos al baile de Ana,

(12) _____, a propósito, fue un desastre total. No

entiendo por qué porfías en saber todas estas pequeñeces de esa noche

(13) _____ no tienen nada que ver contigo.

—Pero es que no porfío, hija, es que me preocupo por ti. Y a mí me

extraña un poco que hayas dicho que la fiesta no fue divertida, porque

Andrés, **(14)** _____ es amigo de Sara, es un aguafiestas de los peores, pero sin embargo, según **(15)** _____ me ha contado Esteban, hasta él la pasó muy bien. ¿Tú conoces a Esteban? Es el hermanito de Rita, **(16)** _____ se casó con el hermano de Sara no hace poco. Creo que Esteban me mencionó que te había visto en la fiesta, pero qué raro que no me dijera nada de ver a Noriberto.

—No hay nada de raro en eso, Laura. Esa tarde Noriberto y yo salimos a cenar en el Miramar, ese restaurante **(17)** _____ está situado encima de una colina y desde **(18)** _____ se puede ver toda la ciudad. Nos sirvieron unos mariscos espléndidos, después de **(19)** _____ tomamos helado de postre. Desgraciadamente, parecía que los mariscos que nos habían servido no estaban buenos, porque poco después Noriberto empezó a sentirse mal. Por eso, cuando llegamos a la casa de Ana, Noriberto tuvo que ir al baño **(20)** _____ estaba junto a la cocina donde Ana estaba preparando unos bocadillos. Sin duda Esteban me vio entonces. Como Noriberto seguía sintiéndose mal, nos fuimos temprano y él me llevó a casa, todo **(21)** _____ explica por qué Raquel no nos vio esa noche.

—¿Así que no fueron los dos a la segunda fiesta? **(22)** _____ me acabas de decir sí me confunde, porque la novia de Esteban, **(23)** _____ es muy observadora y a **(24)** _____ habían invitado a la segunda fiesta **(25)** _____ daba Reinaldo, me ha dicho que más tarde vio a Noriberto bailando con Ana, **(26)** _____ parecía bien animado. ¡Quién creyera que hubiera estado enfermo pocas horas antes! Cuando Inés, la novia de Esteban, le preguntó dónde estabas tú, parece que le contestó que te había llevado a casa porque no te sentías bien. Preocupada por tu salud, Inés, **(27)** _____ siempre está pensando en el bienestar de sus amigas, luego usó el teléfono **(28)** _____ estaba en el pasillo para llamarte, pero me ha dicho que nadie contestó. ¿Saliste tú también?

—¿Todos esos espías tuyos **(29)** _____ te mantienen tan bien al día con respecto a las actividades ajenas de **(30)** _____ te ocupas tanto no te han podido informar de ese dato?

—No te pongas así, sabes bien que sólo miro por tu bien. Pero, sí, es verdad que sé que saliste tú también más tarde, pobrecita, para ir a la discoteca **(31)** _____ queda cerca de la casa de Eduardo porque el sobrino de Marta, **(32)** _____ me dice sólo tonterías la mayoría de las veces pero en **(33)** _____ me confío por ser tan buen amigo de Eduardo, me ha contado que te vio allí esa noche. **(34)** _____ no entiendo bien es por qué Eduardo no me mencionó nada de haberte visto en la discoteca, porque Raúl, el sobrino, me indicó que te vio hablando con mi novio. Es probable que no haya querido turbarme con **(35)** _____ él sabe de tus problemas con el Noriberto ese. Es tan amable, nunca me habla de cosas **(36)** _____ él sabe pueden darme un disgusto. Oye, ¿qué te dijo Eduardo en la discoteca?

—Bueno, no recuerdo bien de **(37)** _____ hablamos, cosas sin importancia, me imagino. A propósito, Laura, ¿qué has sabido de Eduardo?

—¿Eduardo? Pues, en realidad, hace mucho que no me llama, **(38)** _____ me tiene bastante preocupada.

Pronombres relativos que contienen su propio antecedente

E ¿«**Quien**» **o** «**el que**»? *No traduzca. Sólo indique si debe usar «quien», «el que» o los dos (de acuerdo con el modelo). Incluya una preposición si hace falta.*

Modelo: He who pays first …   Quien (El que) …

1. There are those who say …   _____

2. To whom it may concern …   _____

3. They will hire the one who
   arrives by 9:00 A.M.   _____

4. Who laughs last, laughs best.   _____

5. Those who want to stay, please
   say so.   _____

6. The one who said that didn't
   know the facts of the matter.   _____

El adjetivo relativo «cuyo»

F **Cuyo.** *Llene los espacios en blanco con la forma correcta de «cuyo».*

1. Las escuelas _____ maestras …

2. Las niñas _____ padres …

3. Nunca se levanta temprano, por _____ razón …

4. Juan, _____ hermano trabaja en la misma fábrica, …

5. ¿Es tuya la habitación _____ ventanas siempre
   están cerradas?

G ¿«**De quién**»? *Exprese las siguientes oraciones en español.*

1. Whose story was that?

   _____

2. Was it the story whose hero died?

   _____

3. I don't know whose it was.

   _____

4. It was the young woman whose husband just arrived.

   _____

5. Whose watch was it that he took?

   _____

14.3. $\boxed{\text{S E C C I Ó N \quad L É X I C A}}$

A **Algunos refranes.** *Exprese en español.*

1. The early bird catches the worm.

   _____

2. A person is known by the company he/she keeps.

   _____

3. You get what you deserve.

   _____

4. Out of sight, out of mind.

   _____

5. A barking dog never bites.

   _____

B **«Back».** *Dé en español las palabras que, en cada caso, correspondan a «back».*

When I arrived John was seated in the **1.** (back) _____

of his car, Tom was lying on **2.** (his back) _____ on the

nearby grass, and Paul was leaning against **3.** (the back) _____ of an old chair. John was examining **4.** (the back [spine])

_____ of a book, Tom was complaining about

5. (his back) _____, and Paul was worrying about

6. (his back pay) _____. From **7.** (behind the house)

_____ came a loud voice, telling John to move his

car so there would be room for her **8.** (to back) _____

the lawn mower into the garage. At that instant Jane roared out

9. (from back) _____ of the house on a very

powerful lawnmower. I hadn't realized that she **10.** (was back)

_____ from her trip to see her sister, but we all

11. (backed away) _____ quickly. With the

sight of her, so small and thin, on that huge machine, I couldn't

12. (hold back) _____ my laughter.

14.4. PARA ESCRIBIR MEJOR

A **La puntuación.** *El siguiente pasaje resulta confuso porque se han suprimido los puntos y coma, y las comas. Póngalos.*

Al envejecer don Joaquín quien es un antiguo amigo mío va transformándose físicamente de una manera llamativa apenas se parece al hombre que fue. En su juventud era robusto ahora lleva mucho menos peso de lo debido. De joven era alto fornido y moreno su pelo más oscuro que el plumaje de un cuervo ahora no es ni alto ni fuerte ni moreno sino encorvado enfermizo canoso. A pesar del hecho de que se haya puesto débil y que se le olvide constantemente cuál es o la hora o el día o hasta el año lo esencial de mi amigo no ha cambiado sigue siendo una de las personas más bondadosas cariñosas y agradables que conozco. Muchos se ponen quejosos con el aumento de los años especialmente por los achaques que son casi inevitables en la vejez él no. No voy a decir que sea un santo porque no hay ser humano que no se ponga irritable de vez en cuando pero en general al encontrarse con don Joaquín en la calle ya se sabe que va a haber una conversación amena. Don Joaquín que Dios lo guarde por muchos años más.

B **Los acentos gráficos.** *Las frases del siguiente diálogo resultan confusas porque faltan los acentos necesarios. Escríbalos para que se aclare el diálogo.*

JULIO: Maria, ¿quien te informo que Raul e Ines se habian casado?

MARÍA: La verdad, no recuerdo bien. ¿Seria la tia de el? Solo se que si, que ahora estan casados. ¿Por que querias saber eso?

JULIO: Es que lo vi solo hace un par de semanas y cuando le pregunte que tal iban las cosas, a mi no me dijo nada de ningun casamiento. ¿Cuando fue la boda?

MARÍA: Pues, segun su tia, fue anteayer, en la iglesia de Santo Tomas. Me dijo tambien que asistieron como 60 o 70 invitados, aun mas que yo sepa.

JULIO: ¿Como? ¿Y el no nos invito a nosotros? ¿En que habria estado pensando?

MARÍA: Sabra Dios, pero, ¡que sorpresa!, ¿no? ¡Quien iba a creer que Raul terminara sus dias de solteron!

JULIO: Tienes razon; yo nunca creia que fuera a casarse, y aun lo encuentro dificil de creer. Pero, claro, ojala que los dos vivan muy felices.

C **Panaceas.** *¿Es Ud. supersticioso/a? ¿Cree Ud. fuertemente en alguna panacea? ¿Cuál? ¿Tiene Ud. pruebas de su eficacia? ¿Conoce a alguien que dependa de tal panacea? Explique.*

_____

_____

_____

A NSWER K EY

Capítulo 1

1.1

A. *Answers will vary.*
1. Su padre fue un fotógrafo húngaro y su madre fue mexicana.
2. a) A los siete años sufrió un ataque de polio que le dejó el pie derecho virado. b) En la preparatoria tuvo un accidente de autobús y sufrió heridas en la pelvis y la espalda. c) Se interesó por la pintura mientras se recuperaba del accidente y conoció a Diego Rivera. d) A causa de lo que le pasó, padeció físicamente toda su vida.
3. a) Se casó con Diego Rivera en 1929 cuando ella tenía 22 años y él, 42. b) Rivera era uno de los más importantes muralistas de su época. c) Los dos tenían creencias políticas izquierdistas. d) Las relaciones entre Frida y su marido eran tormentosas con numerosas infidelidades y una separación de un año.

B. 1. el rodaje   2. la cinta
3. protagoniza   4. acaricia
5. caracterizar   6. abarca   7. el reparto   8. taquilla   9. maquillaje
10. se depiló   11. se rasuró
12. caballete   13. autorretratos

C. 1. disimular   2. ducho   3. dolencia
4. protagoniza   5. se empeña, a puertas cerradas   6. ajenos   7. está

de moda   8. virada   9. encomienda
10. rebozos   11. aparatosos
12. rasurarse   13. de parte y parte
14. abarca

1.2

A. *Answers will vary.*
1. a) El espejo fue (estaba) roto. b) The mirror was being (was already) broken.   2. a) El vídeo está (fue) conectado. b) The VCR is (was) connected.   3. a) La estrella de cine fue escogida por el director famoso. b) The movie star was chosen by the famous director.
4. a) La filmación está (ha sido) suspendida indefinidamente. b) The filming is (has been) suspended indefinitely.   5. a) El crimen fue (estaba) resuelto. b) The crime was (already) solved.

B. 1. está, de   2. es, en   3. es, a
4. está, con   5. está, de   6. está, con
7. está, a   8. está, de   9. es, de
10. es, de   11. está, de   12. está, a
13. es, de   14. está, para   15. está, de   16. está, de   17. es, a

C. *Answers will vary.*
1. Normalmente Norma es muy callada, pero esta noche ¡no deja de hablar!
2. Rafael y Héctor son empleados muy trabajadores y conscientes.

3. Marco, ¿por qué no estás listo para salir para la escuela?   4. Ana está muy interesada en estudiar biología.   5. Después de limpiar la casa por horas, todo está como nuevo.   6. Ésta es una empresa próspera e invertir dinero en ella es seguro.   7. El color de esta pintura es muy vivo para usarlo en el comedor.   8. Esta película es tan divertida porque los actores interpretan bien sus papeles.   9. Adán es una persona muy fría y por eso tiene pocos amigos.   10. Son las tres y Sara está despierta todavía a causa del ruido que hacen sus vecinos.

D. 1. a) son b) están   2. a) estar b) es   3. a) eres b) Es   4. a) ha sido b) está c) es   5. a) es, será b) estoy   6. es   7. estaba   8. a) es b) es c) está   9. a) es b) son   10. a) es b) está   11. a) es b) es   12. a) es b) está   13. a) estamos b) ser   14. estar   15. están   16. es   17. fue   18. son   19. están   20. ser   21. es   22. a) estoy b) soy   23. a) es b) está c) está   24. a) es b) es c) estoy

1.3

A. 1. a) conozco b) sé   2. saben   3. a) sabía b) supo c) Sabes d) conocieron   4. a) sabe b) saben   5. sabe   6. a) conocemos b) Saben   7. saben   8. a) Sabes b) conozco   9. Conoces   10. a) conocer b) sé   11. sabes   12. a) saber b) sabe c) conoce   13. a) sabe b) sabe   14. a) conoce b) sabe   15. sé   16. a) conocen b) saben   17. conocí   18. sabemos

B. 1. n   2. q   3. f   4. k   5. e   6. d   7. g   8. p   9. m   10. a   11. r   12. c   13. l   14. ñ   15. s   16. j   17. b   18. i   19. o   20. h

1.4

A. 1. quien/<u>quie</u>/ra   2. su/rre/a/<u>lis</u>/mo   3. i/rre/a/li/<u>za</u>/ble   4. Gro/en/<u>lan</u>/dia   5. or/<u>gá</u>/ni/co   6. fo/to/gra/<u>fí</u>/a   7. es/pe/cia/li/za/<u>ción</u>   8. con/tem/po/<u>rá</u>/ne/o   9. qui/<u>nien</u>/tos   10. neu/tra/li/<u>dad</u>   11. pa/ren/<u>tes</u>/co   12. i/rres/pon/sa/bi/li/<u>dad</u>   13. com/pren/<u>sión</u>   14. im/per/tur/<u>ba</u>/ble   15. he/li/<u>cóp</u>/te/ro   16. mi/llo/<u>na</u>/rio   17. gu/ber/na/men/<u>tal</u>   18. lim/pia/chi/me/<u>ne</u>/as   19. in/do/eu/ro/<u>pe</u>/o   20. cons/truc/<u>ción</u>

B. 1. A/<u>mé</u>/ri/ca   2. s<u>el</u>/vas   3. a/<u>quí</u>   4. pe/<u>lí</u>/c<u>u</u>/la   5. ca/fe/c<u>i</u>/to   6. pu<u>e</u>/blo   7. an/da/<u>luz</u>   8. de/sem/pl<u>e</u>/o   9. <u>prác</u>/ti/ca   10. <u>Már</u>/quez   11. <u>á</u>/gui/la   12. <u>án</u>/gel   13. cai/<u>mán</u>   14. his/<u>pá</u>/ni/co   15. pa/<u>ís</u>   16. a/de/<u>mán</u>   17. pe/<u>núl</u>/ti/mo   18. en/v<u>i</u>/dia   19. en/<u>ví</u>/o   20. en/<u>vié</u>   21. ma/<u>íz</u>   22. dis/tra/<u>í</u>/do   23. vi<u>en</u>/to   24. bau/<u>tis</u>/ta   25. mi<u>em</u>/bro   26. es/<u>drú</u>/ju/la   27. <u>Dios</u>   28. <u>dí</u>/as   29. re/li/<u>gión</u>   30. cons/<u>tan</u>/te   31. des/<u>pués</u>   32. al/re/de/<u>dor</u>   33. so/<u>nám</u>/bu/lo   34. d<u>eu</u>/da   35. far/<u>ma</u>/cia   36. es/<u>tre</u>/lla   37. ins/tru/<u>men</u>/to   38. pro/<u>ble</u>/ma   39. le/<u>í</u>/ais   40. por/tu/<u>gue</u>/ses   41. de/mo/<u>cra</u>/cia   42. de/<u>mó</u>/cra/ta   43. ca/<u>rác</u>/ter   44. ca/rac/<u>te</u>/res   45. al/go/<u>dón</u>   46. cons/tru/<u>í</u>   47. con/ti/<u>nú</u>/o   48. con/<u>ti</u>/nuo   49. sar/<u>tén</u>   50. fan/fa/<u>rrón</u>   51. psi/co/lo/<u>gí</u>/a   52. in/cre/<u>í</u>/ble   53. es/<u>pá</u>/rra/gos   54. a/ma/bi/<u>lí</u>/si/mo   55. no/ro/<u>es</u>/te   56. tam/<u>bor</u>   57. al/ga/ra/<u>bí</u>/a   58. is/ra/e/<u>li</u>/ta   59. chi/<u>llón</u>   60. ba/<u>úl</u>   61. co/ne/<u>xio</u>/nes

62. a/le/mán 63. a/le/m<u>a</u>/nes
64. rio 65. rí/o 66. e/x<u>a</u>/men
67. e/xá/me/nes 68. ré/gi/men
69. re/gí/me/nes

C. *Answers will vary.*

Capítulo 2

2.1

A. *Answers will vary.*

1. a) Lo supo al leerlo en el Boletín de los Ejércitos. b) No se palpó, sino que experimentó una sensación de alivio.

2. a) Estaba en el ejército inglés para huir de su esposa y de su suegra. b) Su mujer era áspera, autoritaria y sumamente gorda. c) Su suegra era peor. d) Antes de ingresar en el ejército inglés, Juan Pérez era periodista.

3. a) Soñaba con una nueva vida en Inglaterra, libre de su esposa y de su suegra. b) Su esposa iba a ser una inglesa llamada Elizabeth. c) Iba a ser delgada, rubia y afectuosa. d) No quería que engordara ni que echara bigote.

4. a) Un amigo suyo que lo vio en Inglaterra lo llamó y se lo presentó a unos conocidos. b) Aceptó su suerte estoicamente.

B. 1. peregrina 2. desligarse
3. campante 4. áspera
5. engrosado 6. trapos 7. la estrechez 8. el rancho 9. En suma
10. manumiso 11. lozana
12. acaeció 13. susodicho

C. 1. b 2. c 3. b 4. a 5. c 6. a
7. c 8. b 9. a 10. a 11. c
12. a 13. b 14. c

2.2

A. 1. dimos 2. quise 3. durmió
4. siguió 5. estuvieron 6. pudiste
7. pidió 8. fui 9. leyeron

10. dijimos 11. empecé 12. fue
13. vinimos 14. cargué 15. pusiste
16. tuvieron 17. trajo 18. marqué
19. hicieron 20. oyó.

B. 1. nos despertamos 2. nos levantamos 3. bañarnos
4. vestirnos 5. desayunamos
6. salimos 7. ir 8. oímos
9. decidimos 10. Nos acercamos
11. tuvimos 12. pararnos
13. entró 14. vimos 15. comenzó
16. sentimos 17. me acordé 18. di
19. empecé 20. se espantó
21. siguió 22. llegué 23. demoró
24. Nos detuvimos 25. esperamos
26. echamos 27. volvimos
28. dijimos 29. presenciamos

C. 1. éramos 2. nos divertíamos
3. vivíamos 4. se llamaba
5. pasábamos 6. rodeaban
7. Había 8. hacer 9. íbamos
10. veíamos 11. asistíamos 12. nos olvidábamos 13. tenían 14. reñían
15. entendían 16. hacíamos 17. era
18. nos sentábamos 19. hablar
20. se ponía 21. empezaban
22. nos preparábamos 23. nos acostábamos 24. venía

D. *Answers will vary.*

1. I / habitual action in the past / De niño, Martín visitaba con frecuencia a sus primos en Salamanca.

2. I / *description of condition* / Isabel necesitaba comprar un vestido nuevo para llevar a la fiesta.

3. P / *completed action in the past* / Anoche no me acosté hasta muy tarde.

4. P / *completed action in the past* / El pobre Samuel tuvo que trabajar todo el fin de semana.

5. I / *description of ongoing familiarity and habitual action* / Don Anselmo conocía a todos sus vecinos y siempre los saludaba.

6. P / *marks the beginning of knowing something ("change in meaning verb")* / Supe del accidente sólo después de leerlo en el periódico.

7. P / *absolute lack of action in the past ("change in meaning verb")* / Marta no quiso ir con nosotros al cine.

8. P / *absolute lack of action in the past ("change in meaning verb")* / A causa de la tormenta, no pudimos ir a la playa ese día.

9. I / *habitual action in the past and description of ongoing ability* / Alicia estudiaba todas las noches y siempre sabía las respuestas en clase.

10. I / *indication of age in the past and description of attitude or desire* / Cuando yo era joven, quería ser policía.

E. 1. entró   2. quiso   3. creía   4. iba   5. tener   6. tenía   7. parecía   8. se preocupaba   9. llegó   10. se sentó   11. sacó   12. miró   13. repartía   14. temblaban   15. recibió   16. pudo   17. dudaba   18. pasó   19. pareció   20. era   21. limitar   22. abrió   23. Leyó   24. se sintió   25. sabía   26. hizo   27. Siguió   28. terminó   29. dio   30. salió   31. se preguntó   32. comprendió (comprendía)   33. había

F. 1. gustaban   2. pasábamos   3. encantaba   4. dejábamos   5. divertirnos   6. llamaba   7. poner   8. hice   9. estábamos   10. había   11. sé   12. estaba pensando   13. decidí   14. saqué   15. puse   16. quedó   17. me encontré   18. Quise   19. pude   20. Tuve   21. estar   22. empecé   23. gritar   24. era   25. vio   26. ocurría   27. entró

28. salió   29. dijo   30. vertió   31. se separó   32. me sentí   33. volví

2.3

A. 1. tiempo   2. una y otra vez   3. hora   4. de vez en cuando   5. ya es hora   6. veces   7. nuestra época   8. tiempo libre

B. 1. época   2. edad   3. tiempo   4. hora   5. a tiempo   6. a veces   7. pasaba malos ratos   8. una y otra vez   9. a la vez   10. ya era hora   11. anticuada   12. en muy poco tiempo (en seguida)   13. de vez en cuando

2.4

A. 1. distingo, distinguió, distinga   2. recojo, recogieron, recojan   3. traduzco, tradujiste, traduzca   4. convenzo, convencimos, convenzan   5. santiguo, santiguaron, santigüe   6. rejuvenezco, rejuvenecieron, rejuvenezca   7. reduzco, redujo, reduzca   8. persigo, persiguieron, persiga   9. acojo, acogiste, acoja   10. amenguo, amenguó, amengüe   11. encojo, encogieron, encoja   12. comienzo, comencé, comience

B. 1. locuacísima   2. brusquísimas   3. terquísimas   4. mordacísima   5. ronquísima   6. toxiquísimo   7. soecísimo   8. parquísima   9. hidalguísimo   10. fresquísimos

C. 1. especialidad   2. fisiología   3. inminente   4. estridente   5. profesor   6. teoría   7. posesión   8. inmoral   9. psicoanálisis   10. trasposición   11. escorpión   12. hidráulico   13. estampa   14. terapia   15. escultura

D. *Answers will vary.*

Capítulo 3

3.1

A. Primera realidad 1. un gato 2. en un rincón 3. para no seguir aplastándolo 4. las dos viejitas 5. un santo 6. con una vara de bambú 7. hasta el centro del río **Segunda realidad** 8. dio un salto 9. las viejitas 10. una torta 11. de chocolate y almendras 12. loco de alegría 13. sobre una piedra 14. para que se secara

B. 1. un alboroto 2. no le quedó más remedio 3. se tropezó 4. arrollado 5. no tenía remedio 6. dulcería 7. de pasas 8. pedían limosnas 9. hostigaba 10. una vara 11. de nuevo 12. pinchazos

C. 1. aviso 2. un escándalo 3. encontré 4. no se puede hacer nada 5. confitería 6. mayores 7. arrugadas 8. hostigaban 9. me había detenido 10. una inyección

3.2

A. 1. me duelen 2. faltan 3. Me gustaría 4. me parece 5. me costará mucho trabajo 6. no me queda 7. le sorprendería (le extrañaría) 8. me encantaría 9. me sobra 10. me resulte

B. 1. te toca 2. me parece 3. Faltaban 4. les molestan 5. les fascinan 6. les quedaba 7. le cayó 8. me ha costado 9. los pone 10. le dolían

C. *Answers may vary.*
1. Nos interesan las reglas de gramática. 2. Me importan los derechos civiles de todos los ciudadanos. 3. A Luis y a Esteban les molesta tener que estacionar muy lejos de la universidad. 4. Sé que a ustedes les preocupa la limpieza del medio ambiente. 5. Me fascina la idea de la inteligencia artificial. 6. Nos encanta montar en bicicleta durante el verano. 7. A Ernestito y a Gustavito les daba miedo estar en casa solos durante una tormenta. 8. Me enojan mucho los chóferes que manejan por encima del límite de velocidad.

D. *Answers will vary.*

E. *Essential information:* 1. Se me rompieron todos los platos. 2. Se me murió el perro. 3. Se le hizo tarde. 4. Se nos quemó la torta. 5. Se te olvidaron los chistes. 6. Se les ocurrió una idea.

F. *Answers may vary.*
1. A Marcos se le olvidó traer la tarea a clase. 2. A los trabajadores se les cayó el piano y se les rompió. 3. Se me escapa la palabra que necesito para esta frase. 4. A Laura se le soltaron los caballos y se le perdieron. 5. Marisol y Javier trabajaban con el ordenador cuando se les descompuso. 6. No se me ocurrió pedirle más tiempo al profesor para mi proyecto de clase. 7. Como bailaba tan enérgicamente, a Reinaldo se le rompieron los pantalones. 8. Durante el examen, ¿se te olvidaron las formas irregulares del pretérito? 9. No pudimos entrar en casa porque se nos quedó la llave adentro. 10. Se me cayó el cigarrillo encendido y se me quemó el mejor mantel de mi mamá.

G. 1. Hacía un poco más de dos años (26 meses) que Susana vivía en Madrid cuando su familia se trasladó a Barcelona. 2. Susana llevaba casi cuatro años en Barcelona cuando comenzó a asistir a la escuela. 3. Hacía cinco años que Susana vivía en Barcelona cuando su padre le compró Duque. 4. Hacía dos o tres meses que los cuatro cachorros vivían cuando Susana se los regaló a sus amigos.   5. (En el año...) Hace... años que Susana y su familia se trasladaron a Sevilla.

3.3

A. 1. funcionaba (andaba)
2. corriendo   3. va   4. funcionaba (andaba)   5. se habían desbordado (estaban desbordados)   6. corría
7. choqué con   8. rodeaba   9. iban a costar   10. pasé por encima de (arrollé a, atropellé a). 11. Dirijo (Administro)   12. venía   13. se nos acabaron   14. escaparme (huir)
15. tengo

B. 1. Le dio un empujón.   2. Le dio un mordisco.   3. Le dio un pellizco.
4. Le dio un navajazo.   5. El asesino lo mató a hachazos.
6. El asesino lo mató a balazos.
7. El asesino lo mató a martillazos.

3.4

A. —Perdón. Ese señor quiere que Ud. le dé el segundo mensaje y no éste.
—¿De qué mensaje me habla? No sé nada de ningún otro mensaje, sólo que aún ha llegado uno solo.
—Pues, él dice que sí, que se le mandó otro. Si Ud. no lo tiene, entonces ¿quién?
—Eso lo sabrá Dios. Creo que Ramón ha recibido 5 ó 6, aun más que yo sepa; pregúntale a él, no a mí, para ver dónde ha ido a parar el segundo. ¡Qué bobada!

B. *Answers will vary.*

Capítulo 4

4.1

A. *Answers will vary; model answers:*
1. Hay oscuridad y una luz que se mueve sin explicación. Se ve la oscura silueta de una casa de campo abandonada. Hace viento y se oyen los golpes de una ventana ruinosa.
2. Sí, su reacción está de acuerdo con el desarrollo del personaje en el cuento. Es José Dolores el que manda que abran la puerta antes de espantarse Gabriel, y obviamente es el líder del grupo.
3. Don Luis Argüeso, siendo rico e influyente, no fue tratado por el sistema de justicia como lo habría sido un campesino que hubiera cometido un crimen semejante. El Puerto Rico de la época del cuento es de los pudientes, quienes vigilan sus intereses sin preocuparse por los derechos de los pobres ni por las condiciones económicas de los mismos.

B. 1. remontaron   2. cautelosamente
3. atropelladamente   4. al punto
5. cielo raso   6. el vecindario
7. embrujada   8. peregrina
9. había acomodado   10. quejidos
11. de pelo en pecho   12. una vara
13. achacara

C. 1. c   2. a   3. b   4. c   5. b   6. c
7. a   8. b   9. b   10. a   11. b   12. b
13. c   14. a   15. c   16. b

4.2

A. 1. digas, hayas dicho, dijeras (dijeses), hubieras (hubieses) dicho
2. veamos, hayamos visto, viéramos (viésemos), hubiéramos (hubiésemos) visto   3. muera, haya muerto, muriera (muriese), hubiera (hubiese) muerto   4. dé, haya dado, diera (diese), hubiera (hubiese)

dado   5. haga, haya hecho, hiciera (hiciese), hubiera (hubiese) hecho   6. sepan, hayan sabido, supieran (supiesen), hubieran (hubiesen) sabido   7. traigas, hayas traído, trajeras (trajeses), hubieras (hubieses) traído   8. conduzca, haya conducido, condujera (condujese), hubiera (hubiese) conducido   9. pidan, hayan pedido, pidieran (pidiesen), hubieran (hubiesen) pedido   10. sean, hayan sido, fueran (fuesen), hubieran (hubiesen) sido

B. 1. A Marco le disgusta que haya llovido tanto últimamente.   2. El entrenador exhortó a los jugadores a que jugaran (jugasen) lo mejor posible.   3. Elena no ha logrado que su marido le compre un coche nuevo.   4. Mis padres me exigían que limpiara (limpiase) el cuarto una vez a la semana por lo menos.   5. Mi tía se opuso a que mi primo me acompañara (acompañase) a la fiesta de Reinaldo.   6. Le he suplicado a mi tía que deje que Antonio salga conmigo.

C. 1. Mis padres se alegraron de que ganara (ganase) la competencia de natación.   2. A mi cuñada le indigna que mi hermano no la ayude con los quehaceres domésticos.   3. A mí me daba lástima que hubiera (hubiese) tanta gente desamparada.   4. A todos nos admira que nuestro candidato preferido no aspire a gobernador del estado.   5. A Timoteo le extraña que haga tanto tiempo que no lo llamo.   6. Mi hermana se sentía avergonzada de que su novio hubiera (hubiese) salido tan mal en su examen de física.

D. 1. les, hicieran (hiciesen)   2. te, saques   3. me, les, mintiera (mintiese)   4. nos, le, traigamos

5. le, durmiera (durmiese)   6. le, muestren   7. nos, supiéramos (supiésemos)   8. le, les, sirva   9. te, traduzcas   10. a) le, diga, b) se enoje, c) le, informe   11. le, sacara (sacase), fuera (fuese)   12. les, tuvieran (tuviesen)   13. nos, lleguemos   14. les (os), jueguen (juguéis)   15. le, les, diera (diese)   16. nos, nos pusiéramos (pusiésemos)

E. *Answers will vary.*

F. *Answers will vary.*

G. 1. a) quisiera (quisiese) b) iba c) mostrara (mostrase) d) gustaba   2. sepas   3. nos divirtamos   4. fuera (fuese)   5. recojas   6. a) hiciera (hiciese) b) practicara (practicase) c) dijera (dijese)   7. a) cruce b) atropelle   8. a) haya estacionado b) quede   9. a) devolviera (devolviese) b) asistir   10. a) paguemos b) dé c) debe   11. a) repitiera (repitiese) b) podía   12. tradujeran (tradujesen)   13. cruzáramos (cruzásemos)   14. a) ir b) haya   15. a) fueran (fuesen) b) salir   16. a) se durmieran (durmiesen) b) estuvieran (estuviesen)   17. repitiéramos (repitiésemos)   18. a) consiga b) encontrar   19. a) recojas b) mande c) hagas   20. a) se acuesten b) descansar   21. a) volvieran (volviesen) b) fueran (fuesen)   22. pensaba   23. supiéramos (supiésemos)   24. haya   25. a) busque b) sé   26. se diviertan   27. salieras (salieses)   28. mintieran (mintiesen)   29. a) pidiera (pidiese) b) prestara (prestase)   30. haya llegado

4.3

A. 1. pinos   2. trigo   3. arroz   4. perales   5. calabazas   6. viñas

7. árboles   8. hierbas   9. olivos
10. álamos

B. 1. sino   2. sino que   3. pero   4. pero
5. pero   6. pero   7. sino   8. pero

C. 1. sino   2. menos (salvo, excepto)
3. sino que   4. pero   5. sino   6.
sino   7. pero   8. sino (más que)
9. pero

4.4

A. 1. d   2. b   3. c   4. a   5. f   6. h
7. g   8. e   9. j   10. k   11. i   12. l

B. *Answers will vary.*

Capítulo 5

5.1

A. 1. Un pariente de Clarita.   2. La
Dirección General de la Comisión
Hidrológica de la Cuenca del Río
Usumacinta y sus Afluentes.
3. Porque el sueldo de Clarita daba
mareos.   4. Las lágrimas de Clarita.
5. Se separó de la oficina donde
prestaba sus servicios, porque
alguien tenía que atender el hogar.
6. Aprendió a hacerlo con un
mínimo de esfuerzo.

B. 1. c   2. b   3. c   4. a   5. a   6. b
7. c

C. 1. g   2. i   3. b   4. c   5. j   6. d
7. e   8. h   9. f   10. a

5.2

A. 1. apoyáramos (apoyásemos)
2. a) diga b) limpies   3. llegar
4. había arreglado   5. se prepare
6. haya llamado   7. a) sean b) vuela
(ha volado)   8. fuera (fuese)
9. se divierta   10. seguir
11. a) tiene b) gane

B. 1. d   2. c   3. e   4. a.   5. b

C. *Answers will vary.*

D. *Model answers:*
1. … quería oír / … quiera oír

2. … dijo / … diga   3. … vi / … vea
4. … fui allá / … vaya allá   5. … él
indicó / … él indique

E. *Model (possible) answers:*
1. a) Cualquiera que nos hablaba era
atendido en seguida. b) Cualquiera
que nos hable será atendido en
seguida.   2. a) Dondequiera que
viajaba, encontraba gente amable.
b) Dondequiera que viaje,
encontrará gente amable.
3. a) Siempre compra cualquier cosa
que ella pide. b) Comprará
cualquier cosa que ella pida.
4. a) Comoquiera que lo canta, lo
canta bien. b) Comoquiera que lo
cante, lo cantará bien.

F. 1. Ganaremos, cueste lo que cueste.
2. Pase lo que pase, iré contigo.
3. Quieras o no, tienes que estar de
acuerdo.   4. Que yo sepa, no lo
decidiremos hasta mañana.   5. No
nos queda mucho dinero que
digamos.

G. 1. ofrece   2. tomes   3. a) encuentre
b) cueste c) cueste   4. a) se
despertaran (despertasen) b) llegar
5. a) hubiera (hubiese) b) teníamos
c) contestar   6. a) Quieras b) sigas
c) recibir   7. llegaran (llegasen)
8. encontráramos (encontrásemos)
9. a) sean c) tengo   10. a) decían
b) insistan c) hace d) quiere
e) quieran   11. a) comprar
b) costara (costase) c) costara
(costase) d) trabaje   12. a) había
b) entendiera (entendiese)
13. a) fuera (fuese) b) tratara
(tratase) c) hicieran (hiciesen)
d) tenía e) gustara (gustase) f) había
g) pudiera (pudiese) h) decir
i) forzara (forzase) j) fuera (fuese)
k) mostró l) se vendían   14. haya
oído   15. a) casar b) quisiera
(quisiese) c) sugerí   16. sepa
17. a) vaya b) hablaré   18. a) haya

traducido b) hace   19. a) pudiera (pudiese) b) encontrar c) se vendía d) encantaba   20. a) dijera (dijese) b) era c) dije d) se podía
21. a) perdonar b) necesito c) se preocupe d) creo e) necesite f) pase g) pase h) pienso i) robe
22. a) leas b) empezar c) contestarlas   23. a) haya b) sepa c) dé d) sean d) exijan

5.3

A. 1. el capital   2. la guía   3. el corte   4. la frente   5. la coma   6. la cólera   7. la gallina   8. la vocal   9. el pendiente   10. la corneta   11. el canal   12. la orden

B. 1. la   2. el   3. El   4. el   5. La   6. El   7. El   8. el

C. 1. preguntar por   2. pedir   3. hacer   4. pedir   5. pedir   6. invitar   7. preguntar   8. preguntar   9. pedir   10. invitar

D. 1. invitó   2. hace muchas preguntas   3. pedí   4. preguntan por   5. pedir prestados   6. preguntábamos

5.4

A. Cuando vi a Luisa por primera vez, supe que iba a ser mi esposa; era la mujer más bella que había visto en mi vida. Claro, tenía el pelo oscuro y largo, ojos luminosos y un cuerpo divino, pero su atracción iba más allá de lo corporal. Lo más llamativo de ella era su espíritu; sentí su presencia como si me bendijera un ángel. Cuando se lo dije a los amigos que estaban conmigo esa noche, trataron de desanimarme, pero ni las tachas que le puso Enrique, ni la crítica de Luis, con quien ya estoy peleado, ni las cosas negativas que comentó Jorge, pudieron disuadirme, sino que me convencieron aun más de que había conocido a mi futura esposa. Curiosamente, después de que nos habíamos casado, Luisa confesó que esa primera noche, al verme, yo no le caí bien de ninguna manera y que nunca habría salido conmigo si Esteban, su antiguo novio, no hubiera cancelado la cita que tenía con ella para esa noche.

B. *Answers will vary.*

C. *Answers will vary.*

Capítulo 6

6.1

A. *Answers will vary; model answers:*
1. Es probable que los cambios que ve a su alrededor mientras va acercándose a su «pago» lo desorienten y lo depriman. Además, los cambios que nota le recuerdan los años de vida que ha perdido por haber estado en la cárcel tanto tiempo.
2. Parece que Indalecio no siente remordimiento por haber matado a otro ser humano por ser tal crimen inmoral, pero sí siente haber perdido la libertad y el contacto con su familia durante tantos años como consecuencia de su crimen.
3. a) Indalecio reconoce que es imposible borrar las consecuencias de su ausencia de quince años: su mujer ya vive con otro hombre hace años y ha tenido hijos con él. Indalecio ya no pertenece a esa familia y entiende que no vale nada tratar de rehacer una realidad en la que él no cabe. b) Sí, el castigo de Indalecio sigue porque se encuentra solo, sin familia ni «pago», y se dirige al frente de la guerra donde es probable que sufra más, o que muera.

B. 1. b 2. a 3. c 4. b 5. c 6. a
7. c 8. a 9. c 10. a 11. c
12. a 13. c 14. b 15. a

C. 1. pago 2. el presidio 3. mal
ganada 4. campito 5. ganado
6. inabarcables 7. enceguecedora
8. poblaciones 9. blanqueaban
10. sementeras 11. espoleaba
12. añosa 13. mechones 14. prole
15. se había juntado 16. atónita

6.2

A. 1. a) arreglar b) hayan hecho
2. a) leyera (leyese) b) saber
c) había leído 3. se pusieron 4. se
durmiera (durmiese) 5. consiga
6. nos quedáramos (quedásemos)
7. llueva 8. entendiéramos
(entendiésemos) 9. diera (diese)
10. a) gustaba b) pidiera (pidiese)
11. a) tuviéramos (tuviésemos)
b) costara (costase)

B. 1. a) haya conseguido b) veamos
2. a) habrá envuelto b) llegue
3. a) hubiera (hubiese) salido b) nos
conociéramos (conociésemos)
c) dijera (dijese) d) había conocido
e) quisiera (quisiese) 4. a) había
escrito b) decidirse 5. a) se había
llevado b) visitamos 6. a) has
puesto b) llegue 7. a) expliqué
b) necesitaba c) ayudara (ayudase)
d) pagara (pagase) e) pedía f) diera
(diese) 8. a) se durmió (se había
dormido) b) se acostó 9. a) hayan
dolido b) pueda 10. a) vio
b) gustara (gustase) 11. a) hayas
hecho b) te hayas bañado c) permita
d) salgas 12. a) se despierten
b) sean c) llegar d) esté e) salgan
13. a) nos acostamos b) son
14. comerse 15. a) fuéramos
(fuésemos) b) llegara (llegase)
c) iba d) bañarse e) se hubiera
(hubiese) maquillado f) se hubiera
(hubiese) puesto 16. recibo

17. a) deben b) casarse c) estén
d) se aman 18. sepa 19. a) salgas
b) cenemos c) conozcas d) mueran
e) se vayan f) salir 20. a) haya
b) vuelva c) pienso d) entienda

C. 1. a) quieras b) diga c) hagas
d) vuelva 2. a) machacaba
b) estuviera (estuviese) 3. a) era
b) hacer c) supieran (supiesen)
d) pudieran (pudiesen) e) hiciera
(hiciese) 4. a) se había sentido
b) llamó c) salir d) dijo e) salir
f) conociera (conociese) g) quisiera
(quisiese) (querría) 5. a) cesara
(cesase) b) pide c) aprendamos
d) se puede e) había f) habríamos
vuelto (hubiéramos) vuelto
g) queda h) pase i) se invente
j) haya k) hayamos estudiado
l) deje 6. a) condujera
(condujese) b) tuviera (tuviese)
c) quisiera (quisiese) d) esperara
(esperase) e) conseguir f) pagara
(pagase) g) iba h) gustara (gustase)
i) costara (costase) j) costara
(costase), k) consiguiera
(consiguiese)

D. 1. Si trabajo, me pagan. / Si
trabajaran, yo les pagaría.
2. Si ella vive, estarán contentos. / Si
ella muriera, estarían tristes. 3. Si
ayudamos a los pobres, comerán
mejor. / Si comieran mejor, tendrían
más energía. 4. Si lo piensas, verás
que tengo razón. / Si lo pensaras,
entenderías mis motivos. 5. Si
llovía, no íbamos a la playa. / Si
hubiera llovido, nos habríamos
quedado en casa.

E. *Answers will vary.*

F. 1. gustaría 2. a) iba b) habría
invitado 3. a) decía b) pararía
c) me comportara (comportase)
d) estábamos e) sabía 4. a) hable
b) entendiera (entendiese)
5. a) habrían sido b) llegara (llegase)

6. a) ves b) pida c) salí   7. habría
habido (habría)   8. apareciera
(apareciese)   9. hubiera (hubiese)
gastado   10. a) sepas b) invitara
(invitase) c) saldría d) fuera (fuese)
11. a) hable b) supiera (supiese)
12. ve   13. nos lleváramos
(llevásemos)   14. a) hablaba
b) hubiera (hubiese) sabido c) odia
(odiaba)   15. a) hay b) hemos
llegado

6.3

A. 1. inaceptable   2. imperdonable
3. inmortal   4. intocable
5. incierto   6. descargar   7. descubrir
8. destornillar   9. descongelar
10. desvestir (desnudar)

B. 1. Se hacía   2. Me puse   3. fue de
él   4. llegó a ser   5. se convirtió en
(llegó a ser)   6. se volvió
7. me hice   8. se volvía
9. se metió a   10. se había hecho
11. había sido   12. se enfermó

C. *Answers may vary.*
1. a) Se hizo abogado. b) Llegó a ser
presidente. c) Imelda se puso gorda.
d) Marcos se convirtió en un
dictador.
2. a) Se hizo jugador de baloncesto
profesional. b) Se pusieron
contentos. c) Llegó a ser entrenador
principal del equipo. d) Se convirtió
en campeón mundial.

6.4

A. Cuando por fin me desperté, sufrí
una desorientación completa; nada
me parecía conocido. Donde había
habido árboles, arbustos y flores, ya
sólo se veían edificios y casas,
algunos de ellos aparentemente
antiguos; donde había habido
campos y riachuelos, ya yo percibía
solamente calles adoquinadas y
aceras estrechas. El cielo, que yo
recordaba ser de un azul
enceguecedor y en el que flotaban
nubes blanquísimas redondas y
grandes, como si fueran galeras que
navegaban por el espacio, luego
parecía un gris enfermizo,
manchado de nubezuelas que
parecían estar ahogándose en el
vacío que las devoraba. No, tuve
que reconocer la verdad; ya no me
encontraba en el mismo lugar, o
mejor dicho, en la misma época en
que me había dormido. Pero,
¿dónde?, ¿cómo?, ¡¿cuándo?!;
estaba ansioso por descifrar ese
misterio.

B. *Answers will vary.*

C. *Answers will vary.*

Capítulo 7

7.1

A. *Possible answers:*
1. Para extraer el jugo fonético de
los muñecos.   2. Para leer y
pronunciar los varios papeles (para
hacer el doblaje).   3. Porque el
«vampiro» va a reemplazar las
palabras del actor original con las
suyas.   4. Porque la voz española es
la de un actor muy conocido.

B. 1. c   2. f   3. d   4. b   5. a   6. e

C. 1. b   2. e   3. i   4. h   5. g   6. d
7. l   8. f   9. c   10. a   11. k   12. j

D. 1. a) was broadcast b) it counted on
(was accorded) c) was (José
Guardiola's) responsibility   2. a) is
achieved b) is assembled c) film
editing   3. a) appearance (bringing
to) b) (audio) orientation c) … is
that (the voices) be integrated

7.2

A. 1. el   2. el   3. el   4. el   5. los
6. el   7. el   8. la   9. el   10. la

11. el   12. el   13. el   14. el   15. la
16. el   17. los   18. el   19. el
20. los   21. el   22. el   23. la
24. los   25. el   26. los   27. la
28. los   29. el   30. las

B. 1. a) Una b) un c) un d) X e) una
f) X g) un h) X   2. a) un b) una
c) X d) X e) una f) una g) X h) una
3. a) una b) unas c) una d) un e) X
f) una g) una

C. 1. a) Los b) Las c) las d) lo   2. a)
las b) las   3. lo   4. a) X b) al   5. a)
X b) lo c) un d) el   6. a) el b) un
7. a) X b) X   8. lo   9. a) los b) el
c) X   10. a) una b) la c) la d) X
11. a) X b) un   12. a) los b) el c) el
d) del   13. a) Lo b) X c) el d) X
e) la f) X g) el

D. 1. en   2. en   3. de   4. con   5. tras
6. contra   7. por   8. sin   9. Según
10. entre   11. desde

E. 1. c   2. b   3. g   4. f   5. e   6. a   7. d

F. *Answers will vary.*

7.3

A. 1. a) se parece a b) parecen
2. parece   3. a) se parece a b) se
parecen a   4. parece   5. parecerse
6. parece   7. se parecía a
8. a) parecen b) se parecen a

B. 1. a principios de marzo / a fines de
mayo   2. a mano   3. al horno
4. a caballo   5. por el parque
6. me puse a   7. conocer a
8–10. *Answers will vary.*

7.4

A. Querida Estela:
No entiendo … dudo que … pues,
no sé qué responderte. Cuando me
escribiste: «Ya no quiero verte
más», se me ocurrieron dos
preguntas: ¿cómo puede ser? y ¿qué
hice yo? Yo creía que eras feliz—así
me lo parecías—saliendo conmigo.

Fuimos a tantos lugares: al cine, al
teatro, a la playa … Después de
todas nuestras citas y excursiones,
siempre me decías lo mismo:
«¡Cómo me encanta tu compañía!»
¿Qué ha pasado? ¿Yo me he
convertido en un «Mr. Hyde»? ¿No
fui para ti nada más que un «tour
guide» que sólo servía para
distraerte? Recuerdo bien nuestra
última conversación:
—¿Tendrías interés en acompañarme
a una función de la ópera?
—¡Ay, claro, Antonio, me gustaría
mucho, cuando quieras!
¿Así que ahora no quieres verme
más? Esto me ha herido en lo más
profundo. Me has … ¿cómo
pudiste …? me quedo … No, no
puedo creerlo—¿cómo creer que
fueras capaz de tal abuso de mi
afecto?—que quieras romper
conmigo. Escríbeme pronto para …

B. *Answers will vary.*

Capítulo 8

8.1

A. *Answers will vary.*

B. 1. e   2. c   3. f   4. a   5. d   6. b

C. 1. b   2. c   3. b   4. c   5. c   6. b
7. c   8. a   9. c   10. b   11. a   12. c
13. b   14. b   15. c

D. 1. Se tira del pelo (Se mesa los
cabellos).   2. Asiente con la cabeza.
3. Señala la puerta. 4. Se limpia las
uñas.   5. Se frota las manos.   6. Se
retuerce en el asiento.   7. Aplaude
entusiasmado.   8. Fuma un puro.
9. Le aprieta el brazo.
10. Da un respingo (Hace un
movimiento brusco).

8.2

A. 1. a) a   b) a   c) de   d) de   e) del
f) de   g) del   h) a   i) al   j) de
k) de
2. a) en   b) en   c) de   d) en
e) en   f) en   g) en   h) en   i) en
j) en   k) en
3. a) con   b) con   c) en   d) con
e) con   f) en   g) en   h) en   i) en
j) en   k) en

B. 1. X   2. para   3. X   4. de   5. a
6. de   7. con   8. del   9. A   10. con
11. X   12. de   13. a   14. en

C. 1. Ud. debe abstenerse de beber.
2. Ud. debe dejar de fumar.   3. Ud.
debe librarse de malos amigos.
4. Ud. debe arrepentirse de haber
hecho el mal.   5. Ud. debe huir de
toda tentación.   6. Ud. debe
olvidarse de los cuentos de hadas.
7. Ud. debe estar de rodillas más.
8. Ud. debe actuar de buena fe
siempre.   9. Ud. debe avergonzarse
por no compadecerse de otros.
10. Ud. no debe jactarse nunca de
nada.

D. *Answers will vary.*

E. 1. a) de   b) en   c) al   2. a   3. X
4. en   5. a) en   b) a   6. a) a
b) con   c) de   7. a) de   b) en
8. a) a   b) X   c) X   9. a) de
b) con   10. a) de   b) con
11. a) de   b) en (a)   12. a) en   b) a
13. a) En   b) de   c) de   14. a) de
b) X   c) con   15. a) X   b) con
c) de   16. a) a   b) X   17. a) X
b) de   18. a) X   b) a   19. a) al
b) de   20. a) con   b) de   c) de
d) en

8.3

A. 1. discrepancy   2. bitterness
3. darkness   4. multitude
5. maturity   6. uneasiness
7. spirituality   8. drunkenness
9. weaknesses   10. cleanliness

11. adolescence   12. old age
13. making (manufacture)
14. humidity   15. strangeness
16. softness   17. resonance
18. craziness

B. 1. Me enfada (enoja) que mi esposo
lea el periódico y no me preste
atención.   2. Escribimos que
estábamos agradecidos por su
atención.   3. A Javier le llamó la
atención que Sara no estuviera en la
reunión y en atención a eso, se fue
temprano para buscarla.   4. Su
padre le llamó la atención a José por
no ayudar más con los quehaceres
domésticos.   5. Los vestidos que las
actrices llevaban en el estreno
llamaron mucho la atención.

8.4

A. *Answers will vary.*
1. ~~le~~ exclamó   2. preguntó
3. contestó   4. ~~le~~ protestó   5. ~~le~~ se
quejó   6. ~~le~~ observó   7. repitió
8. razonó   9. insistió   10. pidió
11. preguntó   12. gritó
13. prometió   14. murmuró
15. razonó   16. ~~le~~ añadió   17. ~~le~~
exclamó

B. *Answers will vary.*

Capítulo 9

9.1

A. 1. de la Argentina   2. a Boulder,
Colorado   3. Enseñaba literatura
en la escuela de verano de la
universidad.   4. Sí, el tiempo
pasaba volando.   5. Estaba
aburrido los fines de semana porque
los estudiantes se escabullían.
6. Es el 4 de julio, Día de la
Independencia.   7. con uno de los
decanos   8. Lo lleva al Valle de los
Treinta y le enseña las casas que han

construido.   9. El gobierno les expropia las tierras para construir una represa.   10. a unos espías respaldados por un gobierno enemigo

B. 1. g   2. i   3. a   4. h   5. b   6. j
7. d   8. c   9. f   10. e

C. 1. j   2. e   3. g   4. b   5. d   6. i
7. c   8. h   9. f   10. k   11. l   12. a

D. 1. b   2. c   3. b   4. c   5. b   6. a
7. c   8. b   9. c   10. b   11. a
12. a   13. a   14. a   15. b   16. b
17. a   18. a   19. b   20. c   21. c

9.2

A. 1. por   2. Por   3. para   4. para
5. para   6. por   7. para   8. por
9. Para   10. para

B. 1. por   2. para   3. por   4. por
5. para   6. por   7. por   8. para

C. 1. por otra parte   2. copas para
(de) vino   3. por consiguiente
4. remedios para el dolor de cabeza
5. llantas para la nieve   6. por
desgracia   7. por escrito   8. por ahora

D. *Answers will vary.*

E. 1. Para   2. para   3. a) por b) por
c) por   4. por   5. para   6. a) para
b) por c) para d) para e) por   7. a) por
b) para c) por   8. a) para b) por
c) por d) por e) para   9. a) por b) para
10. por   11. Para   12. Por   13. por
14. para   15. para   16. por   17. por
18. Para   19. para   20. por   21. para
22. por   23. a) por b) para   24. para
25. por   26. por   27. por   28. por
29. a) Por b) por   30. para   31. por
32. a) por b) por   33. por   34. a) por
b) para c) para   35. a) para b) para
36. a) por b) para   37. a) para
b) para   38. por   39. por   40. a) por
b) para c) para d) por e) para f) por
g) para   41. a) por b) para
42. a) Para b) Por c) por d) por
e) Por f) para g) por h) por   43. para
44. a) Para b) por   45. para

F. 1. e   2. d   3. a   4. f   5. b   6. c

G. 1. después de   2. frente al (enfrente del)   3. fuera del   4. a causa de
5. A pesar de   6. en vez de
7. delante de   8. al lado de
9. a través de (por)   10. dentro del
11. separada de   12. debajo de
13. además del   14. Antes de
15. a fuerza de   16. en cuanto a

9.3

A. 1. cultivaba   2. criaban   3. hacer
crecer   4. subió (aumentó)
5. subió (aumentó)   6. recoger
(recaudar)   7. creciendo
8. dejarse crecer   9. criar
10. cultivar   11. levantar

B. 1. d   2. f   3. a   4. b   5. g   6. c
7. h   8. i   9. j   10. e

C. *Answers will vary.*

9.4

A. *Answers will vary.*
B. *Answer will vary.*

Capítulo 10

10.1

A. *Answers will vary.*
B. 1. buscarse el jornal   2. asomada
3. buena lengua   4. a derechas
5. apuntado   6. rapada   7. engulló
8. zurrón   9. cecina   10. valía
11. el currusco   12. retrasado
13. chozo   14. tendió   15. áspero
16. torpe   17. sordo

C. 1. a   2. c   3. b   4. a   5. b   6. a
7. c   8. a   9. c   10. c   11. c   12. b
13. a   14. c   15. b   16. c   17. b
18. a

10.2

A. 1. coche de deporte italiano
2. el horrífico accidente   3. el torpe
mesero   4. la famosa abogada

5. un joven estudioso   6. un día magnífico   7. en vivos colores
8. el aburrido orador, con discursos interminables   9. un entendimiento profundo   10. su pierna rota
11. a sus lindos hijos   12. la depresión atmosférica   13. los prácticos romanos, el mundo conocido   14. de tacón alto
15. un hombre desagradable, sus sarcásticas observaciones
16. gustos anticuados, los muebles modernos

B. 1. las magníficas obras literarias
2. tales cuentos imaginativos
3. una suntuosa cena tailandesa
4. su impresionante fachada barroca   5. el conmovedor himno nacional

C. 1. un elegante vestido de seda
2. sabrosas fresas de junio   3. una fea mesita de noche   4. su traje de montar   5. tradicionales cuentos de hadas

D. 1. Bellas Artes   2. pura coincidencia
3. divertida fiesta   4. corto plazo
5. su santa voluntad, libre pensador
6. Santo Padre   7. mala hierba
8. una solemne tontería

E. 1. un nuevo coche   2. de algodón puro   3. una simple solución   4. de pura maldad   5. la antigua novia
6. el gerente mismo, al pobre hombre   7. tus propias cosas   8. un muchacho simple   9. un hecho cierto   10. un pueblo pequeño, ofrece diferentes atracciones
11. de raros ratos   12. la única estudiante   13. la iglesia antigua, un nuevo estacionamiento   14. mi viejo amigo Jaime   15. el mismo día, una casa propia

F. 1. paupérrima   2. mínimos
3. celebérrima   4. bonísimas (óptimas)   5. fortísimo

6. sapientísimo   7. pésima
8. máxima

10.3

A. 1. resbalar   2. cuarenta   3. sangre
4. amistad   5. sueño   6. Cervantes
7. quejar   8. mugre   9. cabeza
10. enojo   11. azul   12. mover
13. escándalo   14. chillar

B. 1. tomamos (cogimos)   2. tomar
3. se había llevado   4. llevara
5. quitársela   6. Sacó   7. echar (dormir)   8. dar   9. iba a despegar
10. tomado   11. hacer
12. tomarme

10.4

A. *Answers will vary.*

B. *Answers will vary.*

Capítulo 11

11.1

A. *Answers will vary.*

B. 1. b, d, f, k   2. a, e, g, j   3. c, h, i, l

C. 1. b   2. c.   3. a   4. c   5. b   6. c
7. a   8. c   9. a   10. c   11. c   12. b
13. a   14. b   15. a   16. a   17. c
18. b

11.2

A. 1. tendrá   2. veremos   3. valdrá
4. vendrá   5. haré   6. saldrás
7. sabrás   8. pondré   9. cabremos
10. querrá   11. podrán
12. diremos   13. habrá   14. traerán

B. 1. ¿Quieres cerrarme esa ventana, por favor?   2. Dicen que hará mucho frío este invierno.
3. Saldremos para la playa tan pronto como deje de llover.
4. ¡Sarita, estudiarás esta lección hasta que la sepas!   5. Los niños no quieren limpiar su cuarto.   6. No te

olvidarás de escribirme, ¿verdad?
7. ¿Qué hago ahora?

C. 1. será   2. Estudiará   3. sabrá
4. dirá (pensará)   5. quedarán

D. 1. Daniel me prometió que tendría
cuidado.   2. Le pedí a Raúl que me
devolviera (devolviese) los libros
que me había pedido prestados,
pero no quiso.   3. Jorge dormiría
mejor si no tomara (tomase) /
bebiera (bebiese) tanto café por la
noche.   4. ¿Te gustaría ir al cine
conmigo? Deberías divertirte más.
5. Durante el verano, mis amigos y
yo íbamos a la playa a menudo para
nadar y tomar el sol.

E. 1. serían   2. romperían   3. llamaría
(estaría)   4. Se iría   5. diría

F. 1. e   2. f   3. g   4. c   5. h   6. b
7. a   8. d

G. 1. a) Sergio debió de llegar tarde.
b) Sergio hubo de llegar tarde.
c) Sergio probably arrived late.
2. a) Deben de ser las tres. b) Han
de ser las tres. c) It must be three
o'clock.   3. a) Alicia debía de haber
tenido trece años en aquel entonces.
b) Alicia había de tener trece años
en aquel entonces. c) Alicia was
probably thirteen years old at that
time.   4. a) Marcos debe de haber
ido ya. b) Marcos ha de haber ido
ya. c) Marcos must have left already.
5. a) Luis se debió de haber dormido
temprano. b) Luis se había de
haber dormido temprano. c) Luis
must have fallen asleep early.
6. a) Leticia debe de saberlo.
b) Leticia ha de saberlo. c) Leticia
must know (probably knows) it.

11.3
A. 1. hipoteca   2. moneda   3. un
endorso   4. plazo   5. caja chica
(de menores)   6. inventario

7. declararse en quiebra   8. pagaré
9. a plazos, al contado

B. *Answers will vary.*

C. 1. tenga (tome) en cuenta
2. ajustarle las cuentas   3. la cuenta
4. cayó en la cuenta   5. me di
cuenta de   6. la cuenta   7. cuentas
8. cuentas   9. la cuenta atrás
10. trabajar por mi cuenta
11. presentaba las cuentas del Gran
Capitán   12. Hagamos (de) cuenta
que   13. más de la cuenta   14. En
resumidas cuentas, las cuentas, sacar
la cuenta   15. a fin de cuentas
16. por tu cuenta

11.4
A. 1. compañía   2. doctora
3. Sociedad Anónima (*Inc.*)
4. general   5. apartado   6. primero
izquierdo   7. su servidor(a)
8. licenciada

B. *Answers will vary.*

C. *Answers will vary.*

Capítulo 12

12.1
A. *Answers will vary.*

B. 1. X   3. X   5. X   6. X   7. X   8. X
9. X   13. X

C. 1. d   2. e   3. a   4. b   5. f   6. g   7. c

D. 1. d   2. a   3. f   4. b   5. g   6. c
7. i   8. e   9. j   10. h

12.2
A. 1. a) Anoche nuestra tía se acostó a
las diez. b) Our aunt went to bed at
ten last night.   2. a) Vas a
despertarte muy temprano,
¿verdad? b) You are going to wake
up very early, right?   3. a) Me bañé
el sábado por la noche. b) I took a
bath Saturday night.   4. a) Mi

abuela se lavó la cara. b) My grandmother washed her face.
5. a) Ernesto y su hermano se enseñaron a esquiar. b) Ernesto and his brother taught themselves to ski.

B. 1. me desperté   2. me hubiera (hubiese) olvidado   3. despertarme   4. quedarmc   5. prepararme   6. me levanté   7. ducharme   8. me afeité   9. me cepillé   10. me sequé   11. vestirme   12. desayunarme   13. me comí   14. me fijé   15. me di   16. Me reí   17. me dirigí   18. me desvestí   19. me acosté   20. dormirme   21. haberme equivocado

C. 1. se comió   2. se llevó   3. derretirse   4. se fue   5. se iba a cortar el pelo   6. se iba a retratar   7. tomar un descanso   8. se divertirá

D. 2. X   4. X   5. X   7. X   8. with or without an X (both *se murió* and *murió* are valid)

E. 1. Eso no se hace aquí.   2. Se come bien aquí.   3. ¿Cómo se baila así?   4. Se habla español aquí.   5. ¿Cómo se puede explicar esto?

F. 1. El ladrón fue (será, ha sido, había sido) detenido por un (la) policía.   2. La profesora no fue (será, ha sido, había sido) engañada por la mentira de la estudiante.   3. La cena fue (será, ha sido, había sido) preparada por la (una) prima de Luisa.   4. Los ojos de Roberto fueron (serán, han sido, habían sido) examinados por el oftalmólogo.   5. Las camisas fueron (serán, han sido, habían sido) planchadas por Inés.

G. 1. estaba   2. están   3. fue   4. estaba   5. eran   6. estaban   7. fue   8. Fue

H. 1. Se admira mucho a ese escritor.   2. Se la ama mucho.   3. Se le encarcelará pronto.   4. Se les respeta mucho.   5. Se me dio un premio.

I. 1. Se firmaron todos los contratos rápidamente.   2. No estamos acostumbrados a mentir.   3. A Rolando se le pidió que tocara (tocase) la guitarra.   4. Se le permitió entrar.   5. Se habrá ahorrado mucho dinero para el 15 de julio.   6. Después del accidente, el esquiador temía que sus piernas estuvieran (estuviesen) rotas.   7. Era obvio que las flores habían sido traídas por Jorge.   8. La comida ya estaba caliente cuando llegamos.   9. Los informes fueron revisados por el jefe.   10. Estoy seguro/a de que la voz pasiva ya es entendida por todos.

12.3

A. 1. punta   2. madera   3. moda   4. manga   5. ventanilla   6. rama   7. resta   8. suela   9. loma   10. fruta   11. herida   12. giro

B. 1. el naranjo   2. la anilla   3. el cesto   4. la gorra   5. la manzana   6. la banda   7. la loma   8. la suela

C. 1. ha cogido   2. ir por   3. acaba de llegar   4. compró   5. se le perdió   6. No sc llcvan   7. no cnticndo   8. que se levante   9. salga para

12.4

A. *Answers will vary.*

B. *Answers will vary.*

Capítulo 13

13.1

A. *Answers will vary.*

B. 1. e   2. h.   3. f   4. g   5. a   6. d   7. i   8. b   9. c

C. 1. b   2. b   3. a   4. c   5. b   6. a   7. b   8. b   9. c   10. b   11. c   12. a

13. c 14. b 15. c 16. b 17. c
18. b 19. a 20. c

13.2

A. 1. descendiente 2. fulgurante
3. quemante 4. hablante
5. sobrante 6. deprimente
7. semejante 8. sonriente
9. doliente 10. cortante
11. sofocante 12. colgante

B. 1. una máquina de coser 2. una
máquina de escribir 3. Cesó de
respirar. 4. Dejó de hablar.
5. tres años sin ver

C. 1. encantadora 2. hablador
3. sorprendente 4. fatigante
5. emprendedores 6. hirientes,
cortante 7. amenazante
8. exigente

D. 1. Después de haber estado enfermo
2. Al oír 3. Antes de salir, acababa
de usar 4. hasta recordar
(acordarse de) 5. Sin prestarle
atención

E. 1. poder 2. parecer 3. deber
4. sentir 5. ser 6. amanecer
7. pesar 8. haber 9. saber
10. anochecer (atardecer)

F. 1. Entrando el maestro en el aula
2. Sabiendo que 3. Aun
diciéndomelo tú 4. Estando en mi
lugar 5. Pensándolo bien
6. Haciendo buen tiempo

G. 1. Laura anda jactándose de su
noviazgo con Felipe. 2. Paco dijo
que venía a las diez. 3. Estuvimos
trabajando todo el día ayer.
4. Ramona se va recuperando.
5. Le escribo para pedirle su ayuda.
6. Hace horas que espero a Luis.
7. Después de un breve descanso,
Héctor siguió trabajando.
8. Llegamos (vamos a llegar)
pasado mañana.

H. 1. La vi saliendo. 2. Me oyeron
tosiendo. 3. La retrató bailando
sola. 4. Los recordábamos
abrazándose unos a otros. 5. La
descubrí (sorprendí) llorando.

I. 1. a) Muerto su padre ayer, todos
estarían de luto hoy. b) If his father
had died yesterday, everyone
would be in mourning today.
2. a) Una vez terminada la tarea, me
sentiría bien. b) If my homework
were finished, I'd feel good.
3. a) Descansada, Elena volvería al
trabajo. b) If she were rested,
Elene would return to work.
4. a) Devueltos mis apuntes, podría
estudiar esta noche. b) If my class
notes were returned, I would be
able to study tonight. 5. a) Teñido
el pelo, te verías mucho más joven.
b) If your hair were dyed, you
would look much younger.

13.3

A. 1. chocantes 2. poniente
3. humillante 4. indecorosa
5. ganador 6. entrante
7. amorosa 8. insultantes
9. hispanohablantes 10. pendiente

B. 1. ensordecedor 2. conmovedor
3. espeluznante 4. llamativo
5. desgarrador 6. deslumbrante

C. 1. me alejé de 2. avanza 3. en
movimiento 4. conmovieron
5. se mudó 6. movió (ha movido)
7. se mudó de 8. La jugada
9. acercarse a 10. se movía

13.4

A. *Answers will vary.*

B. *Answers will vary.*

Capítulo 14

14.1

A. *Answers will vary.*

B. 1. Estaban hechas de migas de pan.
2. Eran como guisantes.   3. Tenían forma de pequeñas bolitas.
4. Estaban secas.   5. Eran blanquecinas.   6. Se las vendió un curandero.   7. Se las pagó muy caras para asegurarse la vida.
8. Le dijo que le asegurarían la vida.
9. Si las apartaba de sí o las enseñaba a alguien, perderían su virtud.   10. Se le quitaron los achaques y, como resultado, ella ha gozado de salud envidiable.

C. 1. b   2. a   3. c   4. c   5. a   6. c
7. a   8. b

D. 1. c   2. d   3. e   4. a   5. b

E. 1. el verdugo   2. las bolitas   3. los bombones   4. la tapa   5. los bolsillos   6. la bata   7. el sepulcro
8. las migas de pan   9. la aldea

14.2

A. 1. que   2. quienes   3. que, Lo que
4. quien   5. que, que, Lo que
6. quienes   7. que   8. quienes
9. que, que   10. que   11. que, quien
12. lo que, que, quienes   13. que
14. quien, que, que   15. Lo que, lo que   16. quien (que)   17. lo que

B. 1. la que   2. La que   3. a la cual
4. a quien   5. las cuales   6. de quien   7. que   8. que   9. lo que
10. la cual   11. a quien   12. Los que   13. la cual   14. el cual

C. 1. lo cual (lo que)   2. quienes   3. lo que   4. que   5. la cual (la que)
6. la cual   7. quienes   8. que, quien
9. el cual   10. que, lo cual   11. el cual, lo cual   12. los que (los cuales)   13. lo cual (lo que)

D. 1. lo que   2. quien   3. que   4. lo cual   5. que   6. la cual   7. lo que
8. quien   9. lo cual   10. lo que
11. quien   12. el cual   13. que
14. quien   15. lo que   16. la cual
17. que   18. el cual   19. los cuales
20. que   21. lo cual   22. Lo que
23. la cual   24. quien   25. que
26. el cual   27. quien   28. que
29. que   30. las cuales (las que)
31. que   32. el cual   33. quien
34. Lo que   35. lo que   36. que
37. lo que   38. lo cual (lo que)

E. 1. Quienes   2. A quien(es)   3. A quien (Al que)   4. Quien (El que)
5. Los que (Quienes)   6. El (La) que

F. 1. cuyas   2. cuyos   3. cuya
4. cuyo   5. cuyas

G. 1. ¿De quién era esa historia?
2. ¿Era la historia cuyo héroe murió?   3. Yo no sé de quién era.
4. Era de la joven cuyo marido acababa de llegar.   5. ¿De quién era el reloj que él se llevó?

14.3

A. 1. A quien madruga, Dios lo ayuda.
2. Dime con quien andas y te diré quien eres.   3. El que la hace, la paga.   4. Ojos que no ven, corazón que no siente.   5. Perro que ladra no muerde.

B. 1. el asiento trasero (de atrás)
2. de espaldas   3. el respaldo   4. el lomo   5. la espalda   6. su sueldo atrasado   7. detrás de la casa
8. dar marcha atrás   9. por detrás
10. estaba de vuelta (regreso)
11. retrocedimos   12. contener

14.4

A. Al envejecer don Joaquín, quien es un antiguo amigo mío, va transformándose físicamente de una manera llamativa; apenas se parece al hombre que fue. En su juventud era robusto; ahora lleva mucho menos peso de lo debido. De joven, era alto, fornido y moreno, su pelo más oscuro que el plumaje de un cuervo; ahora no es ni alto, ni fuerte, ni moreno; sino encorvado, enfermizo, canoso. A pesar del hecho de que se haya puesto débil, y que se le olvide constantemente cuál es o la hora, o el día, o hasta el año, lo esencial de mi amigo no ha cambiado; sigue siendo una de las personas más bondadosas, cariñosas y agradables que conozco. Muchos se ponen quejosos con el aumento de los años, especialmente por los achaques que son casi inevitables en la vejez; él, no. No voy a decir que sea un santo, porque no hay ser humano que no se ponga irritable de vez en cuando, pero, en general, al encontrarse con don Joaquín en la calle, ya se sabe que va a haber una conversación amena. Don Joaquín; que Dios lo guarde por muchos años más.

B. JULIO: María, ¿quién te informó que Raúl e Inés se habían casado?

MARÍA: La verdad, no recuerdo bien. ¿Sería la tía de él? Sólo sé que sí, que ahora están casados. ¿Por qué querías saber eso?

JULIO: Es que lo vi solo hace un par de semanas y cuando le pregunté qué tal iban las cosas, a mí no me dijo nada de ningún casamiento. ¿Cuándo fue la boda?

MARÍA: Pues, según su tía, fue anteayer, en la iglesia de Santo Tomás. Me dijo también que asistieron como 60 ó 70 invitados, aun más que yo sepa.

JULIO: ¿Cómo? ¿Y él no nos invitó a nosotros? ¿En qué habría estado pensando?

MARÍA: Sabrá Dios, pero, ¡qué sorpresa!, ¿no? ¡Quién iba a creer que Raúl terminara sus días de solterón!

JULIO: Tienes razón; yo nunca creía que fuera a casarse, y aún lo encuentro difícil de creer. Pero, claro, ojalá que los dos vivan muy felices.

C. *Answers will vary.*